T0130227

El Rey Dijo:
Aprended de Mi

Dr. Walter Koch

WESTBOW
PRESS®
A DIVISION OF THOMAS NELSON
& ZONDERVAN

WestBow Press books may be ordered through booksellers or by contacting:

WestBow Press
A Division of Thomas Nelson & Zondervan
1663 Liberty Drive
Bloomington, IN 47403
www.westbowpress.com
1 (866) 928-1240

ISBN: 978-1-9736-6858-9 (sc)
ISBN: 978-1-9736-6857-2 (e)

Print information available on the last page.

WestBow Press rev. date: 07/03/2019

El Rey Dijo:
Aprended de Mí

DEDICACIÓN

Dedico este libro a mi encantadora esposa, Raquel, con quien me casé en 1977. Ella me ha convertido en el orgulloso padre de nuestro hijo, Ruben William. Ella es mi compañera a quien amo, la que está siempre a mi lado, y la que también brilla por los dones que Dios le ha dado para enseñar la Palabra de Dios y ayudar a las mujeres a descubrir su propósito y potencial en el Reino.

A mi hijo, Ruben William, quien también me animó a escribir este libro. Él es una inspiración para mí. Mi esposa y yo reconocemos el llamado del Señor sobre su vida para enseñar los principios del Reino.

A mis difuntos padres, Juan y Luba, por darme vida para poder cumplir mi propósito en esta Tierra. A Pedro, José, Regina, Rubén y Rosa (mis hermanos y hermanas), y sus familias. A mis suegros, Gregorio y Nidia, quienes han demostrado un gran apoyo para mi llamado.

A nuestra querida congregación, el Centro Diplomático Internacional en El Monte, California, donde mi esposa y yo hemos servido como pastores desde 1982. Es allí donde nos esforzamos por ser una bendición para el pueblo de Dios y enseñar las revelaciones de Su palabra—para nutrir, desarrollar y elevar su pensamiento para alcanzar la mente de Cristo que habita en ellos. A todos los trabajadores en cada departamento que ayudan a que el ministerio funcione con excelencia. Una dedicación muy especial con gratitud a nuestros líderes que nos ayudan en cada área del ministerio: Tony y Rosa Pérez, y su hijo, Joe; Gerson y Randy Martínez, y sus hijos, Matthew y Jackie; Jacob y Dena Baca, y su hijo Jakey, a quien aceptamos como nuestro nieto; Edgar y Leann Murillo, y su hija Olivia, a quien abrazamos como nuestra nieta; mi hermano mayor y su esposa, Pedro y Susan Tkaez, y su hijo, Javier; nuestra asistente personal y gerente de oficina, Rosa Magaña, y su esposo, Greg. Estos ministros son un regalo de Dios para el Reino y para nosotros. Los amamos y los bendecimos por su servicio.

A Enlace (TBN en español), y a su presidente, Jonás González y a la familia González. En Enlace, tengo el privilegio de servir como miembro de la Junta Directiva y tener la oportunidad de compartir el Reino de Dios a muchas naciones.

A mi querido amigo y mentor, el fallecido Dr. Myles Munroe de Bahamas Faith Ministries International (BFMI), y su esposa, Ruth. Conocí al Dr. Munroe en 1990 y tuve el honor de servir como su intérprete al idioma español cuando viajamos para hablar en varios países. También tengo el privilegio de ser un Fideicomisario en la junta directiva de la Asociación Internacional de Líderes del Tercer Mundo (ITWLA), que el Dr. Munroe y un grupo de visionarios del Reino con ideas afines fundaron en 1986. A los hijos del Dr. y la Sra. Munroe, Myles Jr. y Charisa, que continúan el legado de sus padres.

A los innumerables televidentes de nuestro programa internacional de televisión en español "Visión Diplomática". A nuestros muchos colegas de todo el mundo que tienen la misma pasión por enseñar la Palabra del Rey. A los ministros y congregaciones que están bajo nuestra cobertura y tutoría en Venezuela, Argentina y Colombia.

Un agradecimiento especial al pastor Rubén Casas (traductor, intérprete y editor), al Dr. Marcelo Laffitte y a Jasmine Colbert por editar el libro.

Al Creador, nuestro amado Dios, que un día tocó mi alma, iluminó mi mente y cambió mi vida cuando me reveló estas palabras: "**Aprended de Mí**". ¡Ese mismo mensaje fluye a través de este libro hoy para bendecir las vidas de sus lectores!

ÍNDICE

UNA DEDICACIÓN ESPECIAL AL
DR. MYLES MUNROE

El Dr. Myles Munroe fue un gran defensor y maestro del mensaje del Reino. Tengo el honor de decir que él fue mi pastor y un amigo muy querido. Durante muchos años, nuestra iglesia tuvo el privilegio de colaborar con sus ministerios, el BFMI y el ITWLA, para llevar el mensaje del Reino a todo el mundo. La muerte del Dr. Munroe en 2014 fue una gran pérdida para el Cuerpo de Cristo, pero él dejó un legado de enseñanzas del Reino que será de bendición para los Creyentes y para el mundo por muchas generaciones futuras.

Cuando comencé a escribir este libro en 2013, le pedí al Dr. Munroe si podía escribir el prólogo. Después de leer el primer borrador, no sólo acordó escribir el prólogo, sino que también me hizo comentarios muy alentadores. Él describió el libro como "maravilloso" y teniendo "gran sustancia". También me hizo sugerencias útiles para mejorarlo. Sus amables palabras y consejos fueron invaluables.

Tengo el honor de compartir el correo electrónico que el Dr. Munroe me envió en 2013. Aunque me entristece que no haya podido celebrar con él la publicación del libro, siempre estaré agradecido por su orientación y apoyo.

From: mylesmunroe
To: scokongxoi.com
Sent: 11/27/2013 8:11:08 P.M. Pacific Standard Time
Subj: RE: Dr. Walter Koch BOOK...Learn From Me.

Dear Walter my son,

Warm Kingdom Greetings from Orlando where Ruth and I a trying to get a few days break!

I am still enjoying the over flow of the Global Leadership summit which continues to receive hundreds of positive comments from those who attended and joined online. I am grateful to all who made this leadership event such a success. Thank you for your prayers for us.

Thanks for the attached document. I review it and think you have great substance and the content is wonderful.

I have a few suggestion:

I hope this review helps.

Love you,
papa

Querido hijo mío, Walter,
Saludos calurosos desde Orlando donde Ruth y yo estamos tratando de tener unos días de descanso. Todavía estoy disfrutando el desbordamiento de la Cumbre del Liderazgo Global que continua recibiendo cientos de comentarios positivos de los que asistieron y de los que se unieron en línea. Estoy agradecido con todos los que hicieron que este evento fuera todo un éxito. Gracias por tus oraciones por nosotros. Gracias por el documento adjunto. Lo revisé y pienso que tiene gran substancia y el contenido es maravilloso. Tengo algunas sugerencias. Espero que esta revisión ayude. Te quiere, tu papá.

Dr. Walter Koch with Dr. Myles Munroe

PRÓLOGO

¿Qué podría ayudar a un hombre a entender el acto sublime de dar a luz a un niño que no sea el escribir un libro?

El dolor del parto, la anticipación y la ansiedad antes de que llegue el niño son muy similares a la labor de recopilar los propios pensamientos en un trabajo cohesivo. El papel que he desempeñado en este proceso es como el de una partera. Ayudar al Dr. Koch con el nacimiento de este libro ha sido algo extraordinario.

He ayudado en los "nacimientos" de cientos de libros, así que no estoy exagerando cuando digo que acogí con satisfacción la obra única y oportuna del Dr. Koch. Los contenidos están lejos de las ideas religiosas y tradicionales a las que estamos acostumbrados; Esto no es algo insignificante.

Ha sido una bendición del Cielo desarrollar una hermandad genuina y trabajar con un hombre a quien Dios ha revelado misterios muy profundos de la Palabra, un hombre comprometido con la causa del Reino, y un hombre apasionado de compartir su vasta riqueza del conocimiento de las escrituras. Sólo eso ha sido una experiencia única y enriquecedora como editor de libros. Agradezco sinceramente al autor por honrarme con tal privilegio.

Estimado lector, lo invito a que se deleite en un trabajo que edificará su vida y lo guiará en el viaje más crítico como un Creyente—**Aprendiendo del Rey Jesús.**

Dr. Marcelo Laffitte
Editor

EL REY DIJO: "APRENDED DE MÍ."
Por el Dr. Walter Koch.

Este es un texto de apologética útil para cualquiera que desee medir sus experiencias de vida en contra de la rúbrica del Reino de Dios. Está escrito en un estilo conversacional sencillo y se combina con las experiencias prácticas del autor que fue inspirado por su mentor, el fallecido Dr. Myles Munroe. Ahora sus reflexiones encuentran una aplicación significativa al instruir a su propio hijo, Ruben William, así como a sus feligreses, y ahora a sus lectores.

Los extensos textos de las Escrituras con sus enseñanzas puntuales y referencias clave de los personajes que validan el Reino de Dios son fundamentales para sus argumentos. Su uso de las ilustraciones es convincente. Estudie el "pájaro enjaulado" que ejemplifica nuestra esclavización a la religión denominacional y al gobierno político. Imagine el "elevador ascendente" que representa la mente inspirada elevándose a nuevas alturas para captar una visión panorámica de la realidad.

Para mí, el impulso central de esta obra magistral emana de su tratamiento convincente del Reino de Dios al descubrir nuestro propósito en la vida, nuestro potencial para generar productividad y nuestro poder para triunfar sobre la pobreza, para mitigar el miedo y la ansiedad emocional y para administrar nuestra salud física.

Leí este manuscrito con gran interés para que, como el Dr. Koch, yo también pudiera sentarme a los pies del Rey Jesús y Aprender de Él.

Drs. C.B. Peter y C. Patricia Morgan

Dr. C.B. Peter Morgan
D. Min, M. Div, B.A.
Presidente IAKCM
Centro Diplomático Myles E. Munroe
Carmichael Road,
Nassau, Bahamas

Comentario/Endoso

Felicidades, Dr. Walter Koch, por su excelente libro, *El Rey Dijo: Aprended De Mí*. Mientras lo leía, fui grandemente bendecido y aprendí mucho sobre las lecciones tan importantes y necesarias que comparte sobre nuestro Rey Jesús y la realidad de Su Reino aquí en la tierra. Este libro está lleno de consejos poderosos para todos, para los pastores, ministros, líderes y siervos de Dios. Lo recomiendo mucho y estoy seguro de que el lector será inmensamente bendecido porque no hay nada mejor en la vida que aprender continuamente de nuestro Rey, conocerlo, pasar tiempo con Él, crecer en Él, servirle a Él y experimentar la realidad y el poder de Su Reino en nuestras vidas hoy, en lugar de vivir una vida limitada, desdichada e infructuosa.

Disfruté sus sabias enseñanzas que se encuentran en este libro, especialmente cuando usted expande acerca de la interpretación correcta de vivir como quiénes somos, "Hijos de Dios" y "Ciudadanos de Su Reino". Jesús predicó y enseñó sobre el Reino de Dios en la tierra, y estoy de acuerdo con usted en que ese debería ser nuestro mensaje hoy a un mundo desorganizado que necesita una nueva vida en Cristo. Este libro debe traducirse a todos los idiomas para que el mundo entienda y experimente la realidad y el poder del Reino de Dios en sus vidas hoy. Animo a todos a leer este libro, sus vidas cambiarán y Dios los usará para transformar comunidades y ciudades en todo el mundo.

Gracias, Dr. Koch, por un libro tan oportuno y poderoso.

Dr. Sergio Navarrete
Vice-Presidente de la Fraternidad Global
Hispana de las Asambleas de Dios
Superintendente del Concilio Distrital del Sur
Pacífico de las Asambleas de Dios

Comentario/Endoso

¡El libro de mi querido amigo el Dr. Walter Koch *El Rey Dijo: Aprended De Mí* es una lectura imprescindible que gloriosamente traerá al lector de nuevo a los pies de Jesús! *"El Rey Dijo: Aprended De Mí"* es un cambio de paradigma de la experiencia cristiana que encabeza las bendiciones de Dios a una que, ante todo, fluye del amor y la adoración a Dios, de quien provienen todas las bendiciones. ¡Recomiendo altamente este libro a todos los que verdaderamente quieran aprender de Él!

Rev. Greg Mauro
Vice Presidente, Ministerios de Morris Cerullo
Bedford, TX 76021-5858

PREFACIO

Una mañana temprano en el año 2006, estaba en mi oficina estudiando las Escrituras en **Mateo 11:29**:

"Llevad mi yugo sobre vosotros, y aprended de mí, que soy manso y humilde de corazón; y hallaréis descanso para vuestras almas."

Mientras meditaba, tres palabras en el versículo me llamaron la atención: "**Aprended De Mí**". Mientras reflexionaba detenidamente sobre su significado, sentí una profunda sensación de urgencia. Sentí que el Espíritu de Dios me estaba guiando a enseñar sobre ese versículo por más de un solo domingo; Él quería que fuera el tema de mis sermones durante todo el año. Así que, eso fue lo que hice. Todos los domingos de ese año, hablé a nuestra congregación, Centro Diplomático, acerca de las palabras del Rey Jesús, "**Aprended De Mí**".

Cada vez que enseñé de **Mateo 11:29**, le pedí a Dios que me iluminara para encontrar las perlas preciosas que contenía el pasaje. Sabiendo que los misterios profundos de la Biblia son indetectables para aquellos que tienen prisa, esperé pacientemente en meditación con el Señor para poder absorber todas las riquezas que Él había escondido en esas palabras. Sin falta, el Señor recompensó mi paciencia al revelar la gran sabiduría y significado en ese versículo.

Este libro no abarca todas las enseñanzas, exhortaciones, instrucciones y sugerencias amorosas que Dios el Todopoderoso me dio durante esa experiencia única, pero sí provee una revisión exhaustiva de lo que aprendí. ¡Les aseguro que lo que presento en esta obra será un banquete espiritual y una gran bendición!

Amigo mío, espero que este libro lo inspire a acercarse a la Palabra de Dios con el pico y la pala de la curiosidad bíblica, que el mensaje central de esta obra resuene en su corazón y que pueda aplicar las enseñanzas a su vida diaria. Si lo hace, estoy seguro de que Dios responderá generosamente al intenso estudio de Su Palabra con Sus verdades eternas y revelaciones profundas en el proceso y poder de **Aprender del Rey Jesús**.

Dr. Walter Koch

INTRODUCCIÓN
UN AÑO A LOS PIES DEL REY JESÚS

Cuando comencé mi viaje para **aprender del Rey Jesús**, sabía que necesitaba tener la postura espiritual, la perspectiva y la actitud correctas. Tenía que hacer que aprender de Él fuera mi prioridad espiritual. Necesitaba enfocar mi atención en **Mateo 11:29** para poder comprender toda la sabiduría que el Señor quería revelar. Tenía que estar quieto y escuchar Su voz, tenía que tener hambre y entusiasmo para aprender del Rey Jesús (el Maestro de Maestros), y tenía que valorar las enseñanzas que contiene este versículo:

"Llevad mi yugo sobre vosotros, y aprended de mí, que soy manso y humilde de corazón; y hallaréis descanso para vuestras almas."

También sabía que la petición singular del Señor tenía que convertirse en la prioridad de la congregación en el Centro Diplomático. Pospuse todos los sermones que había planificado y enfoqué nuestros estudios en el tema *Aprendiendo de Él*.

HACIENDO LAS ENSEÑANZAS DEL REY JESÚS UNA PRIORIDAD

Dar prioridad a la asignación del Señor de estudiar **Mateo 11:29** me recuerda la historia de María y su hermana, Marta. En el **capítulo 10 de Lucas**, las hermanas tuvieron el privilegio de recibir al Rey Jesús como invitado en su hogar.

Algo inusual sucedió cuando el Rey Jesús llegó. Marta continuó sirviendo a los demás invitados, pero María de inmediato dejó de ayudar a su hermana para sentarse y escuchar al Rey Jesús enseñar:

38 Aconteció que yendo de camino, entró en una aldea; y una mujer llamada Marta le recibió en su casa.
39 Esta tenía una hermana que se llamaba María, la cual, sentándose a los pies de Jesús, oía su palabra. (Lucas 10:38-39)

Marta se enojó con María porque aún había mucho por hacer. Ella incluso trató de convencer al Rey Jesús de que María estaba equivocada por no ayudarla:

40 Pero Marta se preocupaba con muchos quehaceres, y acercándose, dijo: Señor, ¿no te da cuidado que mi hermana me deje servir sola? Dile, pues, que me ayude. (Lucas 10:40)

En lugar de regañar a María por no ayudar a Marta, el Rey Jesús hizo lo contrario y aplaudió la decisión de María:

41 Respondiendo Jesús, le dijo: Marta, Marta, afanada y turbada estás con muchas cosas.
42 Pero sólo una cosa es necesaria; y María ha escogido la buena parte, la cual no le será quitada. (Lucas 10:41-42)

Para María, sentarse a los pies del Maestro tenía prioridad sobre ser la anfitriona perfecta. Ella reconoció que era una oportunidad extraordinaria que el Rey Jesús visitara su casa y compartiera Sus enseñanzas y sabiduría.

Creo que el Rey Jesús estuvo de acuerdo con la decisión de María porque sabía que tenía un propósito mayor para Su visita. En ese día, era más importante para el Rey Jesús *servir en vez de ser servido*. Él vino a servir sabiduría a María y Marta. Él vino a darles un regalo eterno *que nadie les podía quitar*. Marta casi perdió la oportunidad porque estaba distraída por el hospedaje, algo que ella pensaba debería tener prioridad en ese momento. El Señor, afortunadamente, animó a Marta a reajustar sus prioridades y aprovechar Su presencia.

Al igual que Marta, también nosotros podemos enfocarnos tanto en los detalles y las tareas de la vida que nos perdemos de los momentos en los que Dios quiere compartir con nosotros Su sabiduría y revelación. Es importante para nosotros evaluar si las exigencias de la vida, el servicio, la carrera y el ministerio nos están haciendo perder la oportunidad de pasar tiempo con el Señor. Es bueno para nosotros trabajar duro y servir, pero a veces la mejor opción es detenernos y darle toda nuestra atención al

Señor. Al igual que María, pudiéramos aun tener que ignorar las prioridades y responsabilidades que otros tratan de imponernos. Marta quería que María se centrara en la comida, pero María percibió que era fundamental para ella sentarse y escuchar lo que el Rey Jesús quería presentar en ese momento. ¡Él había preparado un banquete para sus almas!

ESTAR QUIETOS A LOS PIES DEL MAESTRO

A pesar de la queja de Marta, María permaneció quieta y concentrada a los pies del Rey Jesús. Su enseñanza cautivaba su atención. Puedo relacionarme con la determinación de María de aprender del Maestro. Me recuerda el tipo de enfoque y concentración que necesitaba tener para el estudio durante todo un año de **Mateo 11:29**.

¿Se puede imaginar estudiando un pasaje de las Escrituras durante todo un año? Para poderme mantener enfocado en esa Escritura, semana tras semana, tuve que escuchar atentamente la voz de Dios. Tuve que comprometerme a orar, estudiar y meditar regularmente. Descubrir cada capa de la Escritura demandó mi paciencia, atención y una actitud de expectación. Necesitaba que el Señor me revelara las profundidades de **Mateo 11:29** y me diera instrucciones específicas sobre cómo presentar el concepto de **Aprender de Él.**

Uno podría pensar que predicar de la misma Escritura todas las semanas habría sido monótono y repetitivo. Por el contrario, fue una experiencia magnífica. Sentí como si estuviera buscando oro en el cauce de un río: entre más buscaba, más Dios me revelaba el precioso metal de Su Palabra. Pero ese período de revelación no hubiera ocurrido si yo no hubiera reservado un tiempo de calidad para estar quieto en la presencia de Dios.

El mismo Rey Jesús fue un ejemplo de la importancia de apartar un tiempo con Dios para la oración y la meditación. Muchos pasajes de las Escrituras destacan el compromiso de Jesús de comunicarse con Su Padre. En **Lucas 6:12**, el autor dice: "**En aquellos días él fue al monte a orar, y pasó la noche orando a Dios**".

El compañerismo que el Rey Jesús tenía con Su Padre no es como el tiempo que algunos de nosotros dedicamos a Dios. En ocasiones podemos tener tanta prisa y tanta ansiedad cuando hablamos con Él, que incluso después de cinco minutos, comenzamos a pensar que ya ha pasado una cantidad significativa de tiempo. Sin embargo, la verdad es que hemos pasado muy poco tiempo con el Padre.

Vivimos en una sociedad tan acelerada. Tenemos métodos de transportación, comunicación y comercio más veloces y convenientes. Y aunque nuestra cultura puede prosperar por la conveniencia y la velocidad para manejar los asuntos de la vida, para nuestra vida espiritual, lo más rápido no siempre es lo mejor. Cuando se trata de asuntos del alma, hay momentos en los que necesitamos reducir la velocidad. Considere esto: podemos quedarnos quietos durante una película de dos horas, un programa de televisión de una hora y una conversación telefónica de 30 minutos. ¿Qué pasaría si desplegáramos la misma paciencia y atención durante nuestro tiempo de oración y meditación?

Es esencial que reservemos un tiempo para escuchar la voz del Señor. Ir a los servicios de la iglesia y servir en los ministerios es maravilloso, pero a veces necesitamos estar a los pies del Señor y permitir que Él sea nuestro Maestro.

Es valiosísimo reiterar que el Señor siempre está disponible para compartir Su sabiduría con nosotros. Él ofrece Su Palabra a todos los que quieran **aprender de Él**. María se sentó a los pies del Rey Jesús; esto era una señal de su humildad ante el Señor y su sincero deseo de escuchar Sus palabras. Nosotros también podemos sentarnos a los pies del Rey Jesús con humildad para estudiar Su Palabra, escuchar Su voz y aprender de Sus principios para la vida diaria.

Los animo a pasar tiempo de calidad comunicándose con Dios y meditando en Su Palabra. Les aseguro que Él les hablará acerca de las necesidades específicas de su vida.

QUÉ PUEDE ESPERAR APRENDER EN ESTE VIAJE

Aprender Del Rey Jesús es un concepto muy amplio. La vida y las enseñanzas del Rey Jesús abarcan más de lo que podemos comprender en un año o incluso en toda una vida. Sin embargo, este libro destaca los principios clave de la vida del Rey Jesús y enseñanzas que nos ayudarán a manifestar el poder del Reino de Dios en nuestras vidas.

En este viaje de **aprender del Rey Jesús**, usted aprenderá: su significado como Ciudadano del Reino; cómo manifestar su potencial de Reino; la importancia de compartir el mensaje y los principios del Reino con otros; y cómo vivir libre de cargas religiosas. Usted llegará a conocer la verdadera fuente de su paz y prosperidad, comprenderá su relación con Dios y abrazará su propósito como Ciudadano del Reino.

Usted aprenderá a elevar su pensamiento y triunfará sobre el miedo, la inseguridad, la condenación y la pobreza. Aprenderá el poder y los privilegios de ser un Ciudadano del Reino de Dios, los beneficios de servir a los demás y la importancia de tener un impacto en su mundo y en las generaciones futuras.

Aprender Del Rey Jesús le conducirá a Su sabiduría—sabiduría que le dará las llaves de la vida en el Reino.

Nota: A lo largo de este libro me refiero a Jesús como el "Rey Jesús". Mi intención es que pensemos en Jesucristo como el Rey de Reyes que representa el Reino de Dios en la Tierra y continúa reinando en la Tierra a través de los Creyentes."

> *16 Y en su vestidura y en su muslo tiene escrito este nombre:* REY DE REYES Y SEÑOR DE SEÑORES. *(Revelación 19:16)*

Capítulo 1
APRENDED DE MÍ

Ahora que entendemos que **aprender del Rey** Jesús requiere que prioricemos nuestro tiempo con Él, es hora de responder a la pregunta esencial: ¿Qué significa **aprender del Rey Jesús**? Cuando reflexiono sobre esta pregunta, instantáneamente pienso en mi hijo, Ruben William.

Cuando mi hijo nació, sabía que había muchas habilidades para la vida y lecciones que necesitaría enseñarle. Además de las habilidades básicas de desarrollo, como caminar y hablar, también había conocimientos espirituales que él necesitaría aprender para tener éxito en la vida. Para que él pudiera prosperar, yo tendría que ser su maestro y ejemplo. Mi hijo debería aprender de mí. Así como los niños terrenales confían en sus padres para obtener sabiduría y dirección, los Creyentes debemos mirar al Rey Jesús como nuestro ejemplo primario y como nuestro Maestro para triunfar en la vida y cumplir Sus planes y propósitos.

En este capítulo, aprenderemos:

- A valorar las enseñanzas del Rey Jesús
- A seguir al Rey Jesús estudiando y aplicando Su Palabra
- A priorizar la sabiduría del Rey Jesús por encima de la humana

EL DESAFÍO DE HACER DEL REY JESUCRISTO
NUESTRA INFLUENCIA # 1

Vivimos en una cultura de autoayuda. Las librerías tienen miles de libros dedicados a la superación personal. Los oradores motivacionales y los entrenadores de la vida se han convertido en fuentes populares de orientación para las personas que desean cambiar sus vidas. Hay programas de televisión que se centran en la pérdida de peso, la creación de riqueza, el logro de objetivos personales y la mejora de nuestras relaciones. Incluso hay iglesias y ministerios que organizan conferencias nacionales dedicadas al matrimonio, la familia, las finanzas y el empoderamiento personal. La gente invierte cientos (y en ocasiones miles) de dólares en descubrir las claves del éxito, del amor y de la felicidad.

Es honorable procurar llegar a ser lo mejor que uno puede ser y querer vivir una vida de calidad. También es prudente buscar los consejos y las opiniones de aquellos que son expertos en ciertas áreas. Pero en nuestros esfuerzos por avanzar en la vida, debemos mirar a Aquel que es la autoridad absoluta en todos los asuntos de la vida. Las enseñanzas del Rey Jesús deberían ser nuestra principal influencia en asuntos relacionados con la vida y la espiritualidad.

El Rey Jesús vino a la Tierra para presentar el mensaje central del Reino de Dios: que una relación personal con Dios y el acceso a una vida abundante en Su Reino están disponibles para toda la humanidad:

17 Desde entonces comenzó Jesús a predicar, y a decir: Arrepentíos, porque el reino de los cielos se ha acercado. (Mateo 4:17)

10 yo he venido para que tengan vida, y para que la tengan en abundancia. (Juan 10:10b)

Durante el tiempo del ministerio del Rey Jesús, algunas personas promovían una variedad de prácticas religiosas e ideas que eran contrarias a la Palabra de Dios. Aunque el Rey Jesús se encontró en un ambiente de filosofías en competencia, permaneció firme en Su proclamación de la llegada del Reino y Su promesa de una vida abundante. El mensaje del Rey Jesús acerca del Reino era nuevo y estimulante. Agitaba curiosidad al igual que gran controversia entre los que lo escuchaban. Debido a que el mensaje del Rey Jesús estaba en conflicto con algunas de las otras enseñanzas de esa época, los líderes religiosos desafiaron Su autoridad espiritual:

13 Entonces los fariseos le dijeron: Tú das testimonio acerca de ti mismo; tu testimonio no es verdadero. (Juan 8:13)

A pesar de la oposición de los líderes religiosos, miles de personas se reunían para escuchar al Rey Jesús enseñar. Tenían hambre de comprender la verdad de la Palabra de Dios, no sólo la retórica religiosa.

Las enseñanzas del Rey Jesús sobre el Reino son tan poderosas y relevantes hoy como lo fueron durante Su tiempo en la Tierra. Y aunque la sociedad nos inunda con puntos de vista modernos sobre la vida y la espiritualidad, las instrucciones del Rey Jesús, "**Aprended de Mí**", nos invitan a acercarnos a Él, a prestar atención a Su Palabra y a experimentar el poder del Reino de Dios.

Priorizar la sabiduría de Jesucristo es algo que todos los Creyentes tendrán que hacer en su viaje espiritual. Incluso los discípulos y los Apóstoles de Jesús tuvieron que intercambiar el tradicionalismo religioso por las enseñanzas del Reino. El Apóstol Pablo era un fanático religioso antes de encontrar el Reino de Dios. Una vez que aprendió las enseñanzas del Rey Jesús y entró al Reino, resolvió abandonar las ideas religiosas ineficaces y aceptar la verdad de la Palabra de Dios.

> *7 Pero cuantas cosas eran para mí ganancia, las he estimado como pérdida por amor de Cristo.*
> *8 Y ciertamente, aun estimo todas las cosas como pérdida por la excelencia del conocimiento de Cristo Jesús, mi Señor, por amor del cual lo he perdido todo, y lo tengo por basura, para ganar a Cristo. (Filipenses 3:7-8)*

Como dije anteriormente, hay muchos teólogos, ministros, psicólogos y líderes espirituales bien educados y experimentados que afirman conocer los secretos de vivir una vida significativa. Y aunque sus ideas pueden ser razonables e incluso útiles, su conocimiento y experiencia no se comparan con la sabiduría del Rey Jesús.

Si usted necesita convencerse de que el Rey Jesús debería ser nuestra principal autoridad en la vida, repasemos Sus calificaciones:

1. El Rey Jesús fue Designado Divinamente para ser el Defensor de la Humanidad — Dios escogió a Su Hijo para que viniera a la Tierra a experimentar los desafíos humanos y les mostrara a hombres y mujeres cómo aplicar los principios del Reino para superar esos desafíos. Durante Su tiempo en la Tierra, el Rey Jesús adquirió una profunda compasión por los obstáculos que enfrentaba la humanidad: la opresión de la religión, la lucha contra el pecado y el dolor de estar separado de la presencia del Creador:

14 Por tanto, teniendo un gran sumo sacerdote que traspasó los cielos, Jesús el Hijo de Dios, retengamos nuestra profesión.
15 Porque no tenemos un sumo sacerdote que no pueda compadecerse de nuestras debilidades, sino uno que fue tentado en todo según nuestra semejanza, pero sin pecado.
16 Acerquémonos, pues, confiadamente al trono de la gracia, para alcanzar misericordia y hallar gracia para el oportuno socorro. (Hebreos 4:14-16)

2. El Rey Jesús fue Designado Divinamente para Restaurar el Acceso del Hombre al Reino de Dios — muchas personas buscan el conocimiento para vivir una vida exitosa y llena de propósito. Lo que algunos de ellos no entienden es que la vida que buscan está en el Reino de Dios. La humanidad fue separada del Reino cuando Adán, el primer hombre, no obedeció las instrucciones de Dios en el Jardín del Edén (como está registrado en **Génesis, Capítulos 1-3**). Dios escogió a Su Hijo para que viniera a la Tierra a restaurar la relación entre Dios y el hombre y a restaurar el acceso del hombre al Reino. Por lo tanto, el Rey Jesús se refiere a sí mismo como "**la Puerta**" al Reino de Dios:

6 Esta alegoría les dijo Jesús; pero ellos no entendieron qué era lo que les decía.
7 Volvió, pues, Jesús a decirles: De cierto, de cierto os digo: Yo soy la puerta de las ovejas.
8 Todos los que antes de mí vinieron, ladrones son y salteadores; pero no los oyeron las ovejas.
9 Yo soy la puerta; el que por mí entrare, será salvo; y entrará, y saldrá, y hallará pastos. (Juan 10:6-9)

6 Jesús le dijo: Yo soy el camino, y la verdad, y la vida; nadie viene al Padre, sino por mí. (Juan 14:6)

7 Y Cristo, en los días de su carne, ofreciendo ruegos y súplicas con gran clamor y lágrimas al que le podía librar de la muerte, fue oído a causa de su temor reverente.
8 Y aunque era Hijo, por lo que padeció aprendió la obediencia;
9 y habiendo sido perfeccionado, vino a ser autor de eterna salvación para todos los que le obedecen. (Hebreos 5:7-9)

3. El Rey Jesús fue Divinamente Designado para Proclamar y Enseñar los Caminos del Reino — Dios designó al Rey Jesús para que proclamara la presencia, el poder y la disponibilidad del Reino a todos los que lo recibieran. El Hijo de Dios no sólo estaba divinamente calificado para enseñar el mensaje del Reino, sino que también era el único ser en la Tierra que podía dar testimonio de la verdad, el poder y el esplendor del Reino. Quién mejor para enseñar a la humanidad los principios y la cultura del Reino que el Rey mismo—Jesucristo:

> *34 Mientras él decía esto, vino una nube que los cubrió; y tuvieron temor al entrar en la nube.*
> *35 Y vino una voz desde la nube, que decía: Este es mi Hijo amado; a él oíd. (Lucas 9:34-35)*

> *12 Si os he dicho cosas terrenales, y no creéis, ¿cómo creeréis si os dijere las celestiales?*
> *13 Nadie subió al cielo, sino el que descendió del cielo; el Hijo del Hombre, que está en el cielo. (Juan 3:12-13)*

> *38 Porque he descendido del cielo, no para hacer mi voluntad, sino la voluntad del que me envió. (Juan 6:38)*

Presenté evidencia de que el Rey Jesús debería ser nuestra autoridad en la vida, no porque Su autoridad necesite validación humana, sino porque a menudo tomamos Su sabiduría por sentado. Ponemos la religión, las ideas de los hombres y nuestras opiniones por encima de Su verdad. Afortunadamente, el registro del Rey Jesús habla por sí mismo. Él nos invita a **aprender de Él** porque sabe que Él es el único que puede conducirnos a las verdades eternas y a las respuestas que buscamos. El Rey Jesús desea lo mejor para nosotros siempre. ¡Comprometámonos a **aprender de Él!**

DISPUESTOS A SEGUIR

Cuando vuelvo a reflexionar sobre la experiencia de criar a mi hijo, noto un principio clave que se aplica a nuestro proceso de aprendizaje del Rey Jesús. Cuando era niño, mi hijo tenía que confiar en mi guía por el bien de su protección y felicidad. Él esencialmente tenía que seguir mi ejemplo.

Lo mismo se aplica a nosotros. Si queremos experimentar la vida en el Reino de Dios, debemos confiar en la sabiduría del Rey Jesús y elegir seguir Su plan para vivir. El Rey Jesús nos invita a seguirlo porque Él es el único que puede mostrarnos cómo vivir la vida en un nivel óptimo y cómo experimentar el Reino aquí en la Tierra:

12 Otra vez Jesús les habló, diciendo: Yo soy la luz del mundo; el que me sigue, no andará en tinieblas, sino que tendrá la luz de la vida. (Juan 8:12)

Al pensar en la invitación del Rey Jesús para seguirlo y aprender de Él, me di cuenta de que ello podría imponer una presión considerable si no se entendía correctamente. Aprender de Él significa comprometerse a vivir con un alto nivel de carácter, madurez e integridad. Inicialmente, **aprender del Rey** Jesús puede parecer intimidante, pero el Señor promete que es beneficioso. En **Mateo 11:29**, el Señor dice: "*Si aprenden de mí, hallarán descanso para sus almas.*" ¿Podría haber un beneficio mayor que ese?

La idea de aprender del ejemplo del Rey Jesús no debería ser una carga para nosotros; debiera alentarnos y motivarnos. El Rey Jesús describe el aprender de Él como un "**yugo [que] es fácil**" y "**una carga [que] es ligera**" (**Mateo 11:30**). Él usa los términos "fácil" y "ligera" porque Él envió al Espíritu Santo para que morara dentro de los Creyentes para ayudarnos a seguir en Sus caminos:

16 Y yo rogaré al Padre, y os dará otro Consolador, para que esté con vosotros para siempre:
17 el Espíritu de verdad, al cual el mundo no puede recibir, porque no le ve, ni le conoce; pero vosotros le conocéis, porque mora con vosotros, y estará en vosotros. (Juan 14:16-17)

Algunas personas preferirían vivir una vida de flexibilidad moral antes que esforzarse por desarrollarse y crecer. En lugar de anticiparnos a la dificultad de seguir al Rey Jesús, debemos enfocarnos en la promesa de paz y descanso que viene cuando elegimos aprender de Él. No sea una persona que dice o piensa: "*Yo no puedo ser como el Rey Jesús. Soy débil y limitado*". Cuidado con hacer una declaración tan negativa; eso simplemente no es verdad. Como Hijo del Rey, usted posee la semilla de Su Espíritu—Su naturaleza y características. Usted tiene el poder y el potencial para ser como el Rey Jesucristo y vivir conforme a Sus enseñanzas:

3 Como todas las cosas que pertenecen a la vida y a la piedad nos han sido dadas por su divino poder, mediante el conocimiento de aquel que nos llamó por su gloria y excelencia,

4 por medio de las cuales nos ha dado preciosas y grandísimas promesas, para que por ellas llegaseis a ser participantes de la naturaleza divina, habiendo huido de la corrupción que hay en el mundo a causa de la concupiscencia. (2 Pedro 1:3-4)

Algunas veces hacemos que los asuntos de la vida espiritual sean más difíciles de lo necesario porque titubeamos para creer y seguir las instrucciones del Rey Jesús. A pesar de nuestra resistencia, el Rey Jesús hizo nuestras opciones muy claras. Si queremos crecer en la comprensión espiritual, Él dice, "**Aprended de Mí**". Puede parecernos muy desafiante el crecer en los caminos del Rey Jesús, pero es posible si estamos dispuestos. En lugar de cuestionar nuestra habilidad para aprender de y seguir al Rey Jesús, debemos afirmar para nosotros mismos: "*¡Puedo ser como Él!*"

HAMBRE DE SU PALABRA

Para **aprender del Rey Jesús**, no sólo debemos seguirlo, sino que también debemos tener hambre de Su Palabra. La Palabra de Dios proporciona alimento espiritual que sustenta y energiza el alma de cada Creyente:

4 El respondió y dijo: Escrito está: No sólo de pan vivirá el hombre, sino de toda palabra que sale de la boca de Dios. (Mateo 4:4)

Uno de mis colegas me contó una vez la historia de una joven mujer a la que le encantaba comer pastel. Sin importar la ocasión, siempre se tomaba su tiempo para comer su porción porque le encantaba saborear cada bocado. Incluso de niña, le tomaba mucho más tiempo que a los demás niños de su familia terminarse su postre. Mientras disfrutaba de su pastel, su hermano mayor se acercaba y le preguntaba: "¿Sigues comiendo eso?"

¿Cuán a menudo nosotros, como Creyentes, nos tomamos el tiempo para saborear nuestras experiencias con el Señor? ¿Con qué frecuencia nuestra hambre por Su Palabra nos lleva a separar tiempo extra para estudiar y meditar en Su verdad? Durante nuestro estudio de un año de **Mateo 11:29**, la congregación del Centro Diplomático podría haber preguntado fácilmente: "¿Todavía estamos comiendo esto?" En cambio, teníamos la misma actitud que la joven: queríamos saborear toda la sabiduría de esa Escritura.

Siento que algunos Creyentes titubean para estudiar la Palabra de Dios porque saben que los desafiará a cambiar sus pensamientos y comportamientos que son contrarios al Reino. Pero no debemos temer a la Palabra de Dios. A medida que **aprendemos del Rey Jesús**, debemos esperar que Su Palabra nos inspire a crecer y madurar. No todas las palabras de Dios serán fáciles de aceptar, pero siempre serán para nuestro bien:

> 60 *Al oírlas, muchos de sus discípulos dijeron: Dura es esta palabra; ¿quién la puede oír?*
> 61 *Sabiendo Jesús en sí mismo que sus discípulos murmuraban de esto, les dijo: ¿Esto os ofende?*
> 62 *¿Pues qué, si viereis al Hijo del Hombre subir adonde estaba primero?*
> 63 *El espíritu es el que da vida; la carne para nada aprovecha; las palabras que yo os he hablado son espíritu y son vida. (Juan 6:60-63)*

> 12 *Porque la palabra de Dios es viva y eficaz, y más cortante que toda espada de dos filos; y penetra hasta partir el alma y el espíritu, las coyunturas y los tuétanos, y discierne los pensamientos y las intenciones del corazón. (Hebreos 4:12)*

ESCUCHANDO LA PALABRA DE DIOS CON EL CORAZÓN CORRECTO

Cada vez que escuchamos la Palabra de Dios, es una oportunidad para que nosotros mejoremos nuestras vidas. Es muy importante para nosotros escuchar la Palabra con el corazón abierto porque esa es la única forma en que transformará nuestras vidas. Cuando un ministro o maestro habla la Palabra de Dios, él distribuye semillas del Reino. Cuando escuchamos la Palabra con el corazón correcto, significa que permitimos que esas semillas penetren en nuestras almas para que podamos aplicar a nuestras vidas lo que hemos escuchado. El Rey Jesús ilustró esto en la "Parábola del Sembrador":

> 18 *Oíd, pues, vosotros la parábola del sembrador:*
> 19 *Cuando alguno oye la palabra del reino y no la entiende, viene el malo, y arrebata lo que fue sembrado en su corazón. Este es el que fue sembrado junto al camino.*
> 20 *Y el que fue sembrado en pedregales, éste es el que oye la palabra, y al momento la recibe con gozo;*
> 21 *pero no tiene raíz en sí, sino que es de corta duración, pues al venir la aflicción o la persecución por causa de la palabra, luego tropieza.*

22 El que fue sembrado entre espinos, éste es el que oye la palabra, pero el afán de este siglo y el engaño de las riquezas ahogan la palabra, y se hace infructuosa.

23 Mas el que fue sembrado en buena tierra, éste es el que oye y entiende la palabra, y da fruto; y produce a ciento, a sesenta, y a treinta por uno. (Mateo 13:18-23

La Palabra de Dios sólo cambiará nuestras vidas si nuestros corazones son tierra buena, lo que significa que escuchamos y recibimos la Palabra con fe y obediencia. Cuando obedecemos las instrucciones de la Palabra, disfrutamos los beneficios de su cosecha.

Además, debemos tener la actitud correcta hacia aquellos que han sido ordenados para enseñar la Palabra de Dios. Tristemente, he notado que algunos Creyentes sólo están dispuestos a escuchar la Palabra si, según ellos, la persona *correcta* está enseñando. ¡Eso es una equivocación! Deberíamos ser lo suficientemente maduros para escuchar la Palabra de Dios sin importar el vaso que Dios elija usar. Incluso un niño pequeño puede pararse detrás de un púlpito y enseñar la Palabra si Dios lo ha llamado. Deberíamos enfocarnos en *el contenido del mensaje, no en el contenedor del mensaje.* De lo contrario, podemos perder un mensaje vital para nuestras vidas:

13 Por lo cual también nosotros sin cesar damos gracias a Dios, de que cuando recibisteis la palabra de Dios que oísteis de nosotros, la recibisteis no como palabra de hombres, sino según es en verdad, la palabra de Dios, la cual actúa en vosotros los Creyentes. (I Tesalonicenses 2:13)

El Salmo 42:7 dice, **"Un abismo llama a otro."** El "abismo" se refiere al alma del hombre y al Espíritu de Dios. El abismo también se refiere a la profundidad de nuestro deseo de la presencia y la Palabra de Dios. Cuando el alma de una persona tiene un anhelo por la presencia y la Palabra de Dios, ésta clama al Espíritu de Dios. Si su alma tiene un deseo sincero de la Palabra de Dios, entonces usted se sentirá conmovido para abrir su corazón en el momento en que lo escuche. Será lo suficientemente maduro como para mirar más allá del mensajero y recibir el mensaje. ¿Es usted lo suficientemente profundo como para escuchar y extraer la sabiduría de las enseñanzas, independientemente del orador? Le animo a que abra su corazón a la Palabra de Dios, sin importar el estilo del presentador.

BUSCANDO LA PALABRA O BUSCANDO SEÑALES Y MILAGROS

Cuando pienso en la notable experiencia que tuve al estudiar **Mateo 11:29**, sólo puedo imaginar lo fenomenal que debió haber sido escuchar al Rey Jesús enseñar durante Su tiempo en la Tierra. Las enseñanzas del Rey Jesús tenían un poderoso efecto sobre las personas. Ya sea que estuviera enseñando en el hogar de María y Marta o hablando a las grandes multitudes en el desierto, Sus palabras siempre llamaban la atención de aquellos que escuchaban. Las palabras del Rey Jesús eran tan cautivantes que una vez habló a una multitud de cuatro mil personas durante tres días seguidos:

> *1 En aquellos días, como había una gran multitud, y no tenían qué comer, Jesús llamó a sus discípulos, y les dijo:*
> *2 Tengo compasión de la gente, porque ya hace tres días que están conmigo, y no tienen qué comer;*
> *3 y si los enviare en ayunas a sus casas, se desmayarán en el camino, pues algunos de ellos han venido de lejos.*
> *4 Sus discípulos le respondieron: ¿De dónde podrá alguien saciar de pan a éstos aquí en el desierto?*
> *5 El les preguntó: ¿Cuántos panes tenéis? Ellos dijeron: Siete.*
> *6 Entonces mandó a la multitud que se recostase en tierra; y tomando los siete panes, habiendo dado gracias, los partió, y dio a sus discípulos para que los pusiesen delante; y los pusieron delante de la multitud.*
> *7 Tenían también unos pocos pececillos; y los bendijo, y mandó que también los pusiesen delante.*
> *8 Y comieron, y se saciaron; y recogieron de los pedazos que habían sobrado, siete canastas.*
> *9 Eran los que comieron, como cuatro mil; y los despidió. (Marcos 8:1-9)*

El Rey Jesús no sólo habló a la multitud por tres días, sino que también los alimentó multiplicando algunos peces y siete panes. Usualmente, cuando escuchamos las enseñanzas de este pasaje, el énfasis se pone en el milagro del Rey Jesús multiplicando los peces y el pan. En mi opinión, cuando nos enfocamos en el milagro, nos descuidamos y no vemos el punto central de la historia: cuán cautivantes deben haber sido las enseñanzas del Rey Jesús para que la gente permaneciera en un ambiente desértico durante tres días sin quejarse.

¿Puede usted comprender el significado de esto? ¿Piensa que en nuestro mundo moderno una multitud de personas se sentaría y escucharía al maestro más brillante por tres días seguidos sin tomarse un descanso? No, no lo creo, ni siquiera en un auditorio con aire acondicionado y comida. Pero debido al poderoso ministerio del Rey Jesús, cuatro mil personas hicieron caso omiso de su incomodidad y se quedaron oyendo por tres días porque Él hablaba a las necesidades de sus almas. Percibieron el valor del mensaje del Rey Jesús, y no quisieron perderse una palabra de Sus enseñanzas.

La Biblia tiene varios relatos acerca de cómo las multitudes se reunían para ver al Rey Jesús hacer milagros. Pero en este caso, la multitud quería más. Querían escuchar Su Palabra. ¡Esto me parece fascinante! Después de reflexionar sobre la motivación de la multitud para escuchar al Rey Jesús durante tres días, el Espíritu del Señor me preguntó: "*¿Estás impresionado con los milagros de Jesús? ¿Y qué de Sus palabras?*"

Deberíamos preguntarnos si estamos siguiendo al Rey Jesús por Sus milagros o por Su mensaje. ¿Lo seguimos por las comodidades y los beneficios que puede proveer o tenemos una pasión sincera por aprender de Sus caminos y de las enseñanzas del Reino? Al igual que los cuatro mil de la historia, debemos estar tan decididos a **aprender del Rey Jesús** que ni siquiera ponemos nuestro deseo de ver señales y milagros por encima de aprender de Sus caminos.

UNA VIDA ENTERA APRENDIENDO

¿Ha visto alguna vez una película basada en la vida de alguien? Para que el actor principal ejecute una protagonización convincente, debe ser capaz de imitar las características de la persona: sus gestos, su discurso y su manera de vestir. El actor también debe encarnar la actitud y la personalidad del individuo. A un actor le puede tomar meses, y posiblemente años, la preparación para hacer una protagonización auténtica.

La preparación del actor es muy semejante a nuestro proceso de aprendizaje del Rey Jesús. Aunque la Biblia no instruye a los Creyentes a que "pretendan" ser el Rey Jesús, sí nos alienta a esforzarnos por ser como Él en todos nuestros caminos. La única forma en la que podemos continuar creciendo a la imagen y semejanza del Rey Jesús, es dedicarnos a estudiar y a poner en práctica Su Palabra y Su manera de ser:

24 Entonces Jesús dijo a sus discípulos: Si alguno quiere venir en pos de mí, niéguese a sí mismo, y tome su cruz, y sígame.
25 Porque todo el que quiera salvar su vida, la perderá; y todo el que pierda su vida por causa de mí, la hallará. (Mateo 16:24-25)

1 Sed, pues, imitadores de Dios como hijos amados.
2 Y andad en amor, como también Cristo nos amó, y se entregó a sí mismo
por nosotros, ofrenda y sacrificio a Dios en olor fragante. (Efesios 5:1-2)

9 Lo que aprendisteis y recibisteis y oísteis y visteis en mí, esto haced; y
el Dios de paz estará con vosotros. (Filipenses 4:9)

15 sino, como aquel que os llamó es santo, sed también vosotros santos
en toda vuestra manera de vivir;
16 porque escrito está: Sed santos, porque yo soy santo. (I Pedro 1:15-16)

Cuando pienso en las palabras del Rey Jesús, "**Aprended De Mí**", creo que es una invitación para toda la vida. Siempre hay un nivel más profundo en Sus enseñanzas para que nosotros las podamos descubrir y aplicar a nuestras vidas.

REFLEXIÓN DEL REINO

El Rey Jesús es el modelo y el ejemplo del Creyente para la vida en el Reino. **Aprender de Él** significa que debemos mirarlo como nuestra autoridad en la vida, que debemos tener hambre de Su palabra, y apreciar las oportunidades de escuchar Su voz y que debemos hacer un compromiso de por vida de seguir Sus caminos. Cuando seguimos las enseñanzas del Rey Jesús, podemos estar seguros de que estamos en el camino de la iluminación espiritual. Nuestro reflejo de Cristo y del Reino de Dios brillará más cada día.

DESAFÍO DEL REINO

¿Anhela una relación más íntima con Dios? ¿Necesita más sabiduría y dirección? ¿Desea ser más como el Rey Jesús para que su vida refleje el poder y la influencia del Reino de Dios? Decida y comprométase a priorizar su tiempo con el Señor. Designe un horario cada día para pasar tiempo con Él en oración enfocada, en el estudio y en la meditación de Su Palabra. Tome nota de las revelaciones o instrucciones que el Señor le dé en cuanto a su vida. Le garantizo que experimentará un gran gozo al sentarse a los pies del Maestro y disfrutar de la verdad y la sabiduría de Sus palabras:

5 Y si alguno de vosotros tiene falta de sabiduría, pídala a Dios, el cual
da a todos abundantemente y sin reproche, y le será dada. (Santiago 1:5)

Capítulo 2
APRENDIENDO A DESCANSAR

Jesús prometió que si **aprendemos de Él**, recibiremos el supremo regalo del descanso para nuestras almas. Para ilustrar el concepto del descanso de Jesús, me gustaría usar el ejemplo de tomar un viaje por carretera. La herramienta más importante para que un conductor haga un largo viaje es un GPS que funcione (Sistema de Posicionamiento Global). Para el Creyente, el largo viaje es la vida, y el GPS es la Palabra de Dios.

Además de tener las instrucciones y la orientación adecuadas, una de las reglas más importantes para estar en el camino es saber cuándo detenerse y descansar. A lo largo de las carreteras de EE. UU., hay señales de tráfico que anuncian la ubicación de las áreas de descanso. Esas paradas permiten a los conductores rellenar el tanque de gasolina, estirar las piernas, comer algo y dormir. Sin detenerse a descansar, el conductor podría fatigarse y experimentar dificultades para concentrarse; ignorar las direcciones y perderse; y en el peor de los casos, poner en peligro su vida y la vida de los demás en el camino.

Así como es necesario aprovechar las áreas de descanso en un viaje por carretera, el alma humana necesita descansar en el camino de la vida. La única forma de obtener descanso para el alma es **aprender de Jesús** y Su Palabra:

> *28 Venid a mí todos los que estáis trabajados y cargados, y yo os haré descansar.*
> *29 Llevad mi yugo sobre vosotros, y aprended de mí, que soy manso y humilde de corazón; y hallaréis descanso para vuestras almas. (Mateo 11:28-29)*

¿Qué significa obtener descanso para el alma? Cuando pensamos en el descanso, podemos pensar que significa reposo físico o tomarse un descanso del agitado ritmo de la vida; sin embargo, esto no es lo que Jesús quiso decir. Por supuesto, el Señor quiere que le demos descanso a nuestros cuerpos, pero en **Mateo 11:29**, el énfasis de Jesús en el descanso tiene un significado más profundo. Aquellos que **aprenden de Él** encontrarán descanso en forma de paz interior, una sensación duradera de seguridad y tranquilidad mientras están aquí en la Tierra:

> *1 Justificados, pues, por la fe, tenemos paz para con Dios por medio de nuestro Señor Jesucristo;*
> *2 por quien también tenemos entrada por la fe a esta gracia en la cual estamos firmes, y nos gloriamos en la esperanza de la gloria de Dios. (Romanos 5:1-2)*

En este capítulo, aprenderemos:

- El concepto de descanso de Jesús
- Lo que significa experimentar descanso de la religión
- El descanso como el remedio para el vacío espiritual

DESCANSO DE LA RELIGIÓN

Creo que uno de los mayores desafíos para experimentar el descanso interno es la carga de la religión. Muchos Creyentes se han cansado porque están preocupados por las reglas y regulaciones religiosas que los agobian y que perturban su sentido de paz con Dios. Anhelan el descanso para sus almas cansadas porque sólo han estado expuestos a la religión y no al mensaje del Reino. (Discutiré las diferencias entre la religión y el Reino de Dios en el Capítulo 4, "Aprendiendo a Distinguir el Reino de Dios de la Religión"). Muchos de ellos buscan satisfacción, dirección espiritual y propósito, pero ellos han agotado sus almas (sus motores emocionales) con las enseñanzas religiosas incorrectas.

Aquellos que necesitan descanso de la religión tienden a ver la iglesia como un lugar de reuniones hecho de ladrillos y asientos, y como un lugar que está bajo la jurisdicción de una determinada denominación o asociación religiosa. Asisten regularmente a sus reuniones los domingos, pero sus almas continúan vacías y sin paz. Sus prácticas religiosas son opresivas y no empoderadoras. Algunas de esas personas incluso están bajo el control de líderes religiosos que usan la culpa y el temor para atar a la gente a sus congregaciones.

También hay quienes no tienen descanso porque confían en la religión para mitigar la culpa de los errores que han cometido. Creen que la práctica de ciertos rituales apaciguará su conciencia y los pondrá en buena relación con Dios. Sin embargo, la religión sólo puede proporcionar un alivio temporal para la conciencia. Solamente Jesucristo puede posicionar al Creyente en una relación correcta con Dios y sanar la culpa y los remordimientos del alma.

Mucha gente en el tiempo de Jesús carecía de paz interior debido a las reglas innecesarias que les imponían los líderes religiosos. No experimentaban la verdadera paz de estar en una relación con Dios. En cambio, llevaban la carga de la opresión religiosa, el miedo, la condenación y el cansancio. Afortunadamente, Jesús vino a ofrecerles el alivio de esas cargas. Él vino a ofrecerles descanso para sus almas:

> 1 Entonces habló Jesús a la gente y a sus discípulos, diciendo:
> 2 En la cátedra de Moisés se sientan los escribas y los fariseos.
> 3 Así que, todo lo que os digan que guardéis, guardadlo y hacedlo; mas no hagáis conforme a sus obras, porque dicen, y no hacen.
> 4 Porque atan cargas pesadas y difíciles de llevar, y las ponen sobre los hombros de los hombres; pero ellos ni con un dedo quieren moverlas.
> (Mateo 23:1-4)

Entrar al Reino de Dios da el descanso de la religión porque confirma la verdadera fuente de nuestra justicia. No es nuestro comportamiento, ni nuestra capacidad de obedecer las reglas, ni son nuestras acciones lo que nos hace justos. Más bien, es nuestra fe en Cristo, quien perdona nuestros errores y cubre nuestras faltas e imperfecciones con *Su justicia*, lo que nos hace ser justos a los ojos de Dios.

En el **evangelio de Juan**, Jesús se encontró con una mujer en un pozo cerca de Sicar, en la región de Samaria. Mientras ella estaba llenando sus vasijas, Él le pidió agua para beber. La mujer se sorprendió de que Jesús entablara conversación con ella porque los judíos y los samaritanos no tenían buenas relaciones. Además, los estudiosos sugieren que la mujer se sorprendió de que Jesús le dirigiera la palabra porque es posible que ella fuera considerada una mujer marginada en su comunidad debido a su estilo de vida poco ortodoxo. Había tenido varios matrimonios, y en el momento en que conoció a Jesús, ella vivía con un hombre que no era su esposo. Sorprendentemente, Jesús no juzgó ni condenó a la mujer por su estilo de vida. En cambio, Jesús confrontó el verdadero problema de la vida de aquella mujer: el vacío de su alma:

> 13 Respondió Jesús y le dijo: Cualquiera que bebiere de esta agua, volverá a tener sed;
> 14 mas el que bebiere del agua que yo le daré, no tendrá sed jamás; sino que el agua que yo le daré será en él una fuente de agua que salte para vida eterna.
> 15 La mujer le dijo: Señor, dame esa agua, para que no tenga yo sed, ni venga aquí a sacarla.
> 16 Jesús le dijo: Ve, llama a tu marido, y ven acá.
> 17 Respondió la mujer y dijo: No tengo marido. Jesús le dijo: Bien has dicho: No tengo marido;
> 18 porque cinco maridos has tenido, y el que ahora tienes no es tu marido; esto has dicho con verdad.
> 19 Le dijo la mujer: Señor, me parece que tú eres profeta.
> 20 Nuestros padres adoraron en este monte, y vosotros decís que en Jerusalén es el lugar donde se debe adorar.
> 21 Jesús le dijo: Mujer, créeme, que la hora viene cuando ni en este monte ni en Jerusalén adoraréis al Padre.
> 22 Vosotros adoráis lo que no sabéis; nosotros adoramos lo que sabemos; porque la salvación viene de los judíos.
> 23 Mas la hora viene, y ahora es, cuando los verdaderos adoradores adorarán al Padre en espíritu y en verdad; porque también el Padre tales adoradores busca que le adoren.
> 24 Dios es Espíritu; y los que le adoran, en espíritu y en verdad es necesario que adoren. (Juan 4:13-24)

La mujer samaritana es un excelente ejemplo de alguien a quien la religión le había fallado. A pesar de que era conocedora de las tradiciones religiosas de su pueblo, era claro que su conocimiento de esas tradiciones había hecho poco para ayudarla. Jesús percibió que estaba sufriendo de sed espiritual en lugar de estar viviendo una vida de plenitud:

> 13 Respondió Jesús y le dijo: Cualquiera que bebiere de esta agua, volverá a tener sed;
> 14 mas el que bebiere del agua que yo le daré, no tendrá sed jamás; sino que el agua que yo le daré será en él una fuente de agua que salte para vida eterna. (Juan 4:13-14)

Así como el agua es crucial para mantener la salud y la existencia del cuerpo, Jesús le ofreció a la mujer el agua espiritual que siempre la sustentaría y que satisfaría las necesidades de su vida. Ni su conocimiento de la religión ni sus relaciones con los hombres podían satisfacerla. Su sentido de realización sólo podía venir de una relación con Dios. Debido a que Jesús abordó el problema esencial de la vida de la mujer, desde ese momento, ella experimentó la satisfacción verdadera y la paz duradera.

Al igual que la mujer samaritana, el mismo vacío del alma persiste para todos los que no entienden que su participación en las prácticas religiosas nunca los llevará al descanso que Jesús puede proveer. La religión sólo puede quitarle a nuestras vidas porque no tiene sustancia espiritual ni poder. Lo único que hace es provocar hambre y sed de la paz, la felicidad y la sabiduría verdaderas.

Puedo decir genuinamente que obtuve descanso en mi vida cuando entendí que Dios nunca tuvo la intención de que el hombre practicara la religión. Cuando **aprendemos de Jesús** y seguimos Sus enseñanzas del Reino de Dios, podemos ser libres de las reglas de los hombres que nos hacen sentir culpables, oprimidos y sedientos de la verdad. Él nos instruirá sobre cómo desarrollar nuestras almas y nos llevará al único camino de refrigerio y satisfacción espiritual. No hay nadie mejor para guiarnos a la verdad y al descanso que Jesús, el que dijo: "**Aprended De Mí.**"

NO BUSQUES MÁS

Al igual que la mujer samaritana, muchas personas hoy sufren por el vacío en sus almas. No sólo recurren a la religión, sino que también deciden llenar el vacío de sus vidas con toda clase de adicciones, con toda clase de relaciones insalubres y abusivas, y con toda clase de formas desesperadas de buscar el placer. Innumerables personas incluso han muerto por el abuso de drogas y el suicidio debido a su búsqueda dolorosa e infructífera para descubrir una sensación de paz y satisfacción.

Algunas personas pueden atribuir sus sentimientos de vacío a problemas tales como desafíos financieros, falta de propósito, pérdida de seres queridos, frustraciones románticas y relaciones problemáticas. Pero estos problemas no son la causa subyacente de su vacío. La raíz de su vacío es la falta de conexión con el amor del Creador y Su Reino:

1 Yo soy la vid verdadera, y mi Padre es el labrador.

2 Todo pámpano que en mí no lleva fruto, lo quitará; y todo aquel que lleva fruto, lo limpiará, para que lleve más fruto.

3 Ya vosotros estáis limpios por la palabra que os he hablado.

4 Permaneced en mí, y yo en vosotros. Como el pámpano no puede llevar fruto por sí mismo, si no permanece en la vid, así tampoco vosotros, si no permanecéis en mí.

5 Yo soy la vid, vosotros los pámpanos; el que permanece en mí, y yo en él, éste lleva mucho fruto; porque separados de mí nada podéis hacer.

6 El que en mí no permanece, será echado fuera como pámpano, y se secará; y los recogen, y los echan en el fuego, y arden.

7 Si permanecéis en mí, y mis palabras permanecen en vosotros, pedid todo lo que queréis, y os será hecho.

8 En esto es glorificado mi Padre, en que llevéis mucho fruto, y seáis así mis discípulos.

9 Como el Padre me ha amado, así también yo os he amado; permaneced en mi amor.

10 Si guardareis mis mandamientos, permaneceréis en mi amor; así como yo he guardado los mandamientos de mi Padre, y permanezco en su amor.

11 Estas cosas os he hablado, para que mi gozo esté en vosotros, y vuestro gozo sea cumplido. (Juan 15:1-11)

La humanidad continuará en una búsqueda desesperada (e incluso trágica) para encontrar la pieza que falta en el rompecabezas de la vida. Es sólo a través de obtener la salvación y entrar al Reino de Dios que podemos conectarnos y profundizar la relación con nuestro Creador. Es en ese momento de conexión que la vida puede comenzar a tener sentido y que podemos experimentar la realización y la paz verdaderas.

Estimado lector, si se siente agobiado por la tradición y la religión, preocupado por sus circunstancias, desinformado acerca de cómo vivir una vida más significativa, y desea tener una conexión real con nuestro Creador, lo animo a que venga a Cristo y encuentre descanso. Él le ofrece descanso sin importar quién sea o qué haya hecho. Este descanso le asegura que tiene acceso a Su sabiduría; que puede liberarse de las demandas, el control y las limitaciones de la religión; y que está en un camino de propósito, paz y significado.

REFLEXIÓN DEL REINO

Si alguien me preguntara cuál ha sido el aspecto más gratificante de ser un Creyente, le diría a esa persona que mi mayor recompensa ha sido encontrar el descanso para mi alma. Algunos Creyentes hablan de los logros personales y los avances espirituales que han hecho, pero yo siempre enfatizaré lo maravillosa que ha sido la vida porque he encontrado descanso al **aprender de Jesús**. Jesucristo nos asegura que **aprender de Él** no es una carga para el alma. Al contrario, encontramos paz y descanso cuando miramos a Jesús y Su Palabra para estructurar y guiar nuestras vidas.

Al igual que la mujer samaritana, nuestras vidas son transparentes ante el Señor. Él puede ver la sed dentro de nosotros. La religión, los rituales, las drogas, los alimentos e incluso las personas nunca pueden llenar los vacíos y los anhelos profundos de nuestras almas. En lugar de juzgarnos, Jesús nos muestra compasión al invitarnos a saciar nuestra sed conectándonos con nuestro Creador y haciéndonos participar de Su Palabra.

DESAFÍO DEL REINO

¿Tiene vacíos en su vida que ha llenado con relaciones o hábitos poco saludables? Le animo a ir al Señor en oración. No tenga temor de ser condenado por Él debido a los desafíos que ha enfrentado o por las malas decisiones que ha tomado. Cuéntele los anhelos más profundos de su alma. El Señor le enseñará cómo llenar esos vacíos con la verdad de Su Palabra.

¡Le animo a seguir **aprendiendo de Jesús**!

16 Acerquémonos, pues, confiadamente al trono de la gracia, para alcanzar misericordia y hallar gracia para el oportuno socorro. (Hebreos 4:16)

Capítulo 3
APRENDIENDO EL REINO DE DIOS

Aprender de Jesús nos da la oportunidad de comprender el Reino que Él vino a proclamar. El Reino de Dios es Su dominio e influencia soberanos tanto en el Cielo como en la Tierra. Jesús vino a revelar los grandes misterios de los principios, el poder y los beneficios del Reino.

En este capítulo, aprenderemos:

- Cómo el hombre perdió y recuperó el acceso al Reino de Dios
- El poder y la función del Reino
- El propósito y el lugar del Creyente en el Reino

UN REINO PERDIDO Y RECUPERADO

En los primeros dos capítulos del libro, me centré brevemente en la restauración del acceso del hombre al Reino de Dios. Pero para ayudarnos a apreciar el significado de esa restauración, me gustaría discutir cómo los humanos perdieron su acceso al Reino.

Una vez escuché la historia de un niño creativo que construyó un barquito de juguete de madera. Cuando el niño terminó el barquito, supo que había hecho un buen trabajo, por lo que quedó muy satisfecho. Un día, decidió llevar su barquito a navegar. Mientras se desplazaba sobre las aguas del río, llegó una ola y se lo llevó. El chico corrió desesperadamente a lo largo del río para rescatar su barquito, pero no pudo. Parecía que el río se había tragado su barquito. El niño se fue a su casa llorando y muy alterado. Les dijo a sus padres: "Perdí el barquito que tanto quería en el río."

Un día, el niño y su padre fueron a la ciudad y vieron el barquito en la vidriera de un establecimiento comercial. El niño sabía que aquel barquito era el suyo porque había escrito su nombre en él. Inmediatamente fue al dueño de la tienda para decirle que quería comprar el barquito, pero el dueño le dijo que no estaba a la venta. El chico se negó a darse por vencido. Regresó al local e insistió tanto en comprar el barquito que el dueño finalmente se lo vendió. El niño regresó a casa muy feliz porque había recuperado el barquito que ahora era dos veces suyo.

Si relacionamos esta historia con el ámbito espiritual, podemos decir lo siguiente: Dios creó al hombre con Sus propias manos. Un día, debido a las olas de la vida (oleadas de placer, mentiras, desobediencia y acciones equivocadas), la humanidad dejó la protección de Dios y se dejó llevar por el río de la separación al reino de la oscuridad. Aunque Dios tenía el derecho de reclamar al hombre como suyo, ahora tenía que comprar el alma del hombre del reino de las tinieblas. Dios envió a Jesús a pagar el precio por esa compra a través de Su muerte en una cruz. Debido al sacrificio de Jesús, la humanidad ahora es dos veces propiedad de Dios: primero porque Él nos creó y segundo porque nos compró de los poderes de las tinieblas y nos rescató de la amenaza de la separación eterna:

> *19 ¿O ignoráis que vuestro cuerpo es templo del Espíritu Santo, el cual está en vosotros, el cual tenéis de Dios, y que no sois vuestros?*
> *20 Porque habéis sido comprados por precio; glorificad, pues, a Dios en vuestro cuerpo y en vuestro espíritu, los cuales son de Dios. (I Corintios 6:19-20)*

> *13 Y a vosotros, estando muertos en pecados y en la incircuncisión de vuestra carne, os dio vida juntamente con él, perdonándoos todos los pecados,*
> *14 anulando el acta de los decretos que había contra nosotros, que nos era contraria, quitándola de en medio y clavándola en la cruz. (Colosenses 2:13-14)*

Cuando Dios creó a Adán, lo formó sin pecado. Adán permaneció sin pecado hasta que dejó de creer y obedecer a Dios al cumplir las instrucciones que el Señor le había dado en el Jardín del Edén. La incredulidad y la desobediencia de Adán rompieron la relación entre Dios y el hombre:

> *15 Tomó, pues, Jehová Dios al hombre, y lo puso en el huerto de Edén, para que lo labrara y lo guardase.*

16 Y mandó Jehová Dios al hombre, diciendo: De todo árbol del huerto podrás comer;
17 mas del árbol de la ciencia del bien y del mal no comerás; porque el día que de él comieres, ciertamente morirás. (Génesis 2:15-17)

9 Mas Jehová Dios llamó al hombre, y le dijo: ¿Dónde estás tú?
10 Y él respondió: Oí tu voz en el huerto, y tuve miedo, porque estaba desnudo; y me escondí. (Génesis 3:9-10).

15 Y pondré enemistad entre ti y la mujer, y entre tu simiente y la simiente suya; ésta te herirá en la cabeza, y tú le herirás en el calcañar. (Génesis 3:15)

23 Y lo sacó Jehová del huerto del Edén, para que labrase la tierra de que fue tomado.
24 Echó, pues, fuera al hombre, y puso al oriente del huerto de Edén querubines, y una espada encendida que se revolvía por todos lados, para guardar el camino del árbol de la vida. (Génesis 3:23-24)

Aunque la decisión de Adán (posteriormente identificado en el Nuevo Testamento como el "Primer Adán") ocasionó una grieta entre Dios y toda la humanidad, estoy muy agradecido de que Dios tuviera un plan para reparar esa grieta y redimir al hombre de las tinieblas. Dios envió al "Postrer Adán" sin pecado (el Hijo de Dios) para restaurar la relación de Dios con el hombre y restaurar el lugar original del hombre en el Reino de Dios:

18 Y todo esto proviene de Dios, quien nos reconcilió consigo mismo por Cristo, y nos dio el ministerio de la reconciliación;
19 que Dios estaba en Cristo reconciliando consigo al mundo, no tomándoles en cuenta a los hombres sus pecados, y nos encargó a nosotros la palabra de la reconciliación. (2 Corintios 5:18-19)

Jesús hizo posible la restauración y la redención del hombre a través de Su muerte en la cruz y Su resurrección de la tumba. La muerte de Jesús sirvió como pago por nuestros errores, y Su resurrección garantiza que después de la muerte de nuestros cuerpos físicos, nuestras almas experimentarán la vida eterna en la presencia de Dios:

3b Que Cristo murió por nuestros pecados, conforme a las Escrituras
4 y que fue sepultado, y que resucitó al tercer día, conforme a las Escrituras;
5 y que apareció a Cefas, y después a los doce,

6 Después apareció a más de quinientos hermanos a la vez. (I Corintios 15:3b-6a)

4 Pero cuando vino el cumplimiento del tiempo, Dios envió a su Hijo, nacido de mujer y nacido bajo la ley,
5 para que redimiese a los que estaban bajo la ley, a fin de que recibiésemos la adopción de hijos.
6 Y por cuanto sois hijos, Dios envió a vuestros corazones el Espíritu de su Hijo, el cual clama: ¡Abba, Padre! (Gálatas 4:4-6)

24 quien llevó él mismo nuestros pecados en su cuerpo sobre el madero, para que nosotros, estando muertos a los pecados, vivamos a la justicia; y por cuya herida fuisteis sanados. (I Pedro 2:24)

Podemos regresar a Dios y a Su Reino apartándonos de nuestros caminos y aceptando el regalo de salvación de Jesús. La salvación a través de Jesús (La Puerta del Reino) nos permite volver a conectarnos con el Reino espiritual: el ámbito del Reino. Cuando aceptamos la salvación de Jesús, experimentamos un renacimiento espiritual. Es en el momento de ese nuevo nacimiento que entramos al Reino y a la familia de Dios (**Juan 3:1-13**). Nos convertimos nuevamente en herederos de Dios y Ciudadanos de Su Reino.

LAS BUENAS NUEVAS DEL REINO

Jesús vino a anunciar el restablecimiento de Su Reino en la Tierra, a demostrar su poder, a enseñar sus principios, y a ofrecer sus privilegios a todos los que entren y crean. También vino a preparar a aquellos que lo seguirían y llevarían a cabo la intención original de Dios para la existencia del hombre: colonizar la Tierra con la cultura y los principios del Reino.

El Dr. Myles Munroe, quien realizó extensas investigaciones y escribió sobre el Reino de Dios, compartió lo siguiente en su libro, *Redescubriendo el Reino*:

Cualquier área sobre la cual descansa la autoridad de un gobierno se convierte en propiedad de ese gobierno. Toda la autoridad, los derechos y los poderes de la nación representados por ese gobierno están vigentes en esa propiedad. De la misma manera, somos embajadores de Cristo y del Reino de Dios. Nuestro hogar, oficina, iglesia y, de hecho, en cualquier lugar hasta donde se extienda nuestra influencia se convierte en una "embajada" del Cielo.[1]

Los Creyentes y ciudadanos del Reino tienen la responsabilidad de expandir el Reino compartiendo su mensaje y demostrando su poder:

20 Así que, somos embajadores en nombre de Cristo, como si Dios rogase por medio de nosotros; os rogamos en nombre de Cristo: Reconciliaos con Dios. (2 Corintios 5:20)

Cuando abrazamos nuestros roles como representantes del Reino, mostramos nuestro compromiso de **aprender de Jesús** y continuar el trabajo que a Él le importaba—expandir Su Reino en la Tierra:

35 Recorría Jesús todas las ciudades y aldeas, enseñando en las sinagogas de ellos, y predicando el evangelio del reino, y sanando toda enfermedad y toda dolencia en el pueblo.
36 Y al ver las multitudes, tuvo compasión de ellas; porque estaban desamparadas y dispersas como ovejas que no tienen pastor.
37 Entonces dijo a sus discípulos: A la verdad la mies es mucha, mas los obreros pocos.
38 Rogad, pues, al Señor de la mies, que envíe obreros a su mies. (Mateo 9:35-38)

Muchas personas en el mundo se sienten perdidas y necesitan el mensaje del Reino. Como Ciudadanos, podemos extender el Reino al compartir las buenas noticias de su conquista, transformación, poder, provisiones y beneficios.

1. La Conquista del Reino — La conquista del Reino se refiere a que Jesús restauró la posición espiritual, el poder y los privilegios que el hombre perdió en el Jardín del Edén. Dios escogió a Jesús para restablecer Su relación con la humanidad, Su dominio en la Tierra y el acceso a la verdadera prosperidad (encontrar su propia identidad y valor en Dios y experimentar el bienestar integral). La conquista ocurrió a través de la muerte, la sepultura y la resurrección de Jesús. A través de Su sacrificio, Jesús libró una guerra espiritual contra los poderes de la muerte y del pecado: *"y despojando a los principados y a las potestades, los exhibió públicamente, triunfando sobre ellos en la cruz."* (Colosenses 2:15)

Al creer en el sacrificio y la resurrección de Jesús, y al confesarlo como Salvador, el hombre tendría la oportunidad de experimentar el cambio y la restauración. Aquellos que buscan una conexión con un poder superior, con un ser supremo o con la divinidad pueden descubrir la esperanza de que el Dios vivo y verdadero existe, que quiere tener una relación con ellos, y que los recibe para que sean parte de Su Reino.

2. La Transformación del Reino — La transformación del Reino se refiere al poder que los Creyentes reciben para vivir según los estándares y principios de Dios. La transformación también se refiere a nuestro potencial para convertirnos en un reflejo completo de Dios y Su Reino:

> *8 Pero ahora dejad también vosotros todas estas cosas: ira, enojo, malicia, blasfemia, palabras deshonestas de vuestra boca.*
> *9 No mintáis los unos a los otros, habiéndoos despojado del viejo hombre con sus hechos,*
> *10 y revestido del nuevo, el cual conforme a la imagen del que lo creó se va renovando hasta el conocimiento pleno. (Colosenses 3:8-10)*

El proceso de la transformación comienza cuando recibimos la salvación, y nuestras almas son hechas nuevas instantáneamente:

> *17 De modo que si alguno está en Cristo, nueva criatura es; las cosas viejas pasaron; he aquí todas son hechas nuevas. (2 Corintios 5:17)*

Y mientras nuestros espíritus renacen en el momento de la salvación, nuestras mentes requieren un proceso de transformación diferente. La mente es donde procesamos las emociones, los pensamientos y las percepciones, y donde tomamos decisiones. Debemos renovar nuestras mentes para reflejar la transformación que ha ocurrido en nuestras almas. Pablo enfatizó la importancia de este proceso en **Romanos 12:1-2**:

> *1 Así que, hermanos, os ruego por las misericordias de Dios, que presentéis vuestros cuerpos en sacrificio vivo, santo, agradable a Dios, que es vuestro culto racional.*
> *2 No os conforméis a este siglo, sino transformaos por medio de la renovación de vuestro entendimiento, para que comprobéis cuál sea la buena voluntad de Dios, agradable y perfecta. (Romanos 12:1-2)*

La renovación de nuestras mentes se hace posible cuando nos comprometemos a **Aprender de Jesús** y a poner Su Palabra en práctica. Discutiré la transformación de la mente con más detalles en el Capítulo 7, "Aprendiendo a Elevar Nuestro Pensamiento".

3. El Poder del Reino — Poseer el poder del Reino significa que los Creyentes tienen las fuerzas para superar los desafíos de la vida. En su libro "*Redescubriendo el Reino*", el Dr. Munroe describe la esencia del poder del Reino de la siguiente manera:

Atrás han quedado los días de intentar vencer sin pasar por la batalla. A pesar de la aflicción y la oposición del mundo, hemos aprendido a dominar al enemigo por el poder de Aquel que vive en nosotros.

El Reino del cual somos parte es tan poderoso que no debemos temer a ninguna oposición posible. Los hombres y las mujeres del Reino dicen: "vengan los problemas que avanzaremos al pasar por en medio de ellos".[2]

Dios promete que porque Él habita dentro de nosotros, tenemos el poder para vivir victoriosamente:

35 ¿Quién nos separará del amor de Cristo? ¿Tribulación, o angustia, o persecución, o hambre, o desnudez, o peligro, o espada?
36 Como está escrito:
Por causa de ti somos muertos todo el tiempo;
Somos contados como ovejas de matadero.
37 Antes, en todas estas cosas somos más que vencedores por medio de aquel que nos amó. (Romanos 8:35-37)

4. Las Provisiones del Reino — Porque la Tierra es una colonia del Cielo, los Ciudadanos que viven en esa colonia tienen el apoyo garantizado de los recursos del Cielo. En su obra *Redescubriendo el Reino*, el Dr. Munroe ilustra la composición organizativa, las características distintivas y las operaciones del Reino para apoyar a sus Ciudadanos de la siguiente manera:

Todos los reinos incluyen una serie de componentes necesarios para que funcionen de manera efectiva. Todos los reinos, incluido el Reino de Dios, tienen:

- *Un programa de Salud – Sanidad;*
- *Un programa de Educación – El ministerio de enseñanza del Espíritu Santo;*
- *Un Sistema Tributario – Los Diezmos;*
- *Un Sistema Central de Comunicaciones – Los Dones del Espíritu;*
- *Un Cuerpo Diplomático – Los Embajadores de Cristo;*
- *Un Sistema de Administración – La Ministración del Espíritu a través de los seres humanos llamados la Iglesia; y*

- *Una Economía – El sistema de Dar y Recibir (Tiempo de sembrar y tiempo de cosechar).*[3]

Las provisiones del Reino de Dios abarcan todo y pueden satisfacer todas las necesidades de sus Ciudadanos. Las provisiones del Reino apoyan nuestro bienestar así como nuestros esfuerzos para expandir el Reino de Dios en la Tierra:

24 Ninguno puede servir a dos señores; porque o aborrecerá al uno y amará al otro, o estimará al uno y menospreciará al otro. No podéis servir a Dios y a las riquezas.

25 Por tanto os digo: No os afanéis por vuestra vida, qué habéis de comer o qué habéis de beber; ni por vuestro cuerpo, qué habéis de vestir. ¿No es la vida más que el alimento, y el cuerpo más que el vestido?

26 Mirad las aves del cielo, que no siembran, ni siegan, ni recogen en graneros; y vuestro Padre celestial las alimenta. ¿No valéis vosotros mucho más que ellas?

27 ¿Y quién de vosotros podrá, por mucho que se afane, añadir a su estatura un codo?

28 Y por el vestido, ¿por qué os afanáis? Considerad los lirios del campo, cómo crecen: no trabajan ni hilan;

29 pero os digo, que ni aun Salomón con toda su gloria se vistió así como uno de ellos.

30 Y si la hierba del campo que hoy es, y mañana se echa en el horno, Dios la viste así, ¿no hará mucho más a vosotros, hombres de poca fe?

31 No os afanéis, pues, diciendo: ¿Qué comeremos, o qué beberemos, o qué vestiremos?

32 Porque los gentiles buscan todas estas cosas; pero vuestro Padre celestial sabe que tenéis necesidad de todas estas cosas.

33 Mas buscad primeramente el reino de Dios y su justicia, y todas estas cosas os serán añadidas.

34 Así que, no os afanéis por el día de mañana, porque el día de mañana traerá su afán. Basta a cada día su propio mal. (Mateo 6:24-34)

5. El Éxito y la Felicidad en el Reino — Dios diseñó al hombre para prosperar. Él quiere que Sus Hijos vivan con un propósito y disfruten de la vida, la familia y la belleza de Su creación. Las Escrituras nos dicen, *"[Dios] nos da todas las cosas en abundancia para que las disfrutemos"* (I Timoteo 6:17). Sólo podemos experimentar el éxito y la felicidad verdaderos cuando tenemos la presencia de Dios en nuestras vidas. Nuestra conexión con Él nos guía por un camino de sabiduría, paz, logro personal y abundancia

Después de la muerte de Moisés, Dios designó a Josué para dirigir al pueblo de Israel. Dios quería que Su pueblo experimentara una vida llena de Su presencia y que triunfara en su búsqueda de la tierra prometida. Dios le habló a Josué y le dio una fórmula para el éxito de Su pueblo. Podemos aprender de la experiencia exitosa de Josué y los israelitas:

5 Nadie te podrá hacer frente en todos los días de tu vida; como estuve con Moisés, estaré contigo; no te dejaré, ni te desampararé.
6 Esfuérzate y sé valiente; porque tú repartirás a este pueblo por heredad la tierra de la cual juré a sus padres que la daría a ellos.
7 Solamente esfuérzate y sé muy valiente, para cuidar de hacer conforme a toda la ley que mi siervo Moisés te mandó; no te apartes de ella ni a diestra ni a siniestra, para que seas prosperado en todas las cosas que emprendas.
8 Nunca se apartará de tu boca este libro de la ley, sino que de día y de noche meditarás en él, para que guardes y hagas conforme a todo lo que en él está escrito; porque entonces harás prosperar tu camino, y todo te saldrá bien.
9 Mira que te mando que te esfuerces y seas valiente; no temas ni desmayes, porque Jehová tu Dios estará contigo en dondequiera que vayas.
(Josué 1:5-9)

Cuando aprendemos del ministerio de Jesús en la Tierra y de Su Palabra, Él nos revela las bendiciones, el poder y la transformación que están disponibles para todos los que eligen experimentar la vida en el Reino de Dios.

IDENTIDAD Y PROPÓSITO EN EL REINO

Cuando nos volvemos a conectar con el Rey, nos convertimos en Sus hijos e hijas y recibimos los derechos y beneficios otorgados a todos los herederos del Reino; esto incluye la oportunidad de reinar con Él:

11 A lo suyo vino, y los suyos no le recibieron.
12 Mas a todos los que le recibieron, a los que creen en su nombre, les dio potestad de ser hechos hijos de Dios;
13 los cuales no son engendrados de sangre, ni de voluntad de carne, ni de voluntad de varón, sino de Dios. (Juan 1:11-13)

La capacidad del Creyente de reinar y triunfar en la vida, de cumplir su rol como representante del Reino, y de compartir el mensaje del Reino con los demás, está fundamentada en la confianza y la comprensión de su identidad y propósito en el Reino.

Muchas personas en el mundo no tienen sentido de propósito ni dirección en la vida. Tienen rutinas y responsabilidades diarias, pero no han descubierto por qué existen. Algunos incluso han tenido comienzos humildes, y algunas veces trágicos. Han experimentado el abuso y la degradación en manos de otros, y ya no tienen un sentido de valor o significado. Estoy agradecido de que a pesar de las condiciones de nuestras vidas pasadas o presentes, Dios nos da una nueva identidad y un propósito único cuando nos convertimos en Ciudadanos de Su reino.

El propósito de la vida de cada Ciudadano del Reino debe coincidir ante todo con la agenda del Rey: expandir el Reino de Dios en la Tierra. El Rey ha bendecido a cada uno de nosotros con dones, talentos y habilidades que nos pueden ayudar a cumplir Su voluntad. Cuando comprendemos el plan de Dios para nuestras vidas, podemos adquirir confianza en el valor de nuestros dones para el Reino, y podemos aumentar nuestro impacto en el mundo.

Si alguna vez nos sentimos inseguros acerca de quiénes somos o de nuestro propósito en el Reino, siempre podemos mirar el ejemplo de Jesús para superar esas inseguridades. Jesús estaba seguro de Su identidad como el Hijo de Dios y estaba confiado en Su propósito de restaurar nuevamente al hombre al Reino de Dios:

21 Aconteció que cuando todo el pueblo se bautizaba, también Jesús fue bautizado; y orando, el cielo se abrió,
22 y descendió el Espíritu Santo sobre él en forma corporal, como paloma, y vino una voz del cielo que decía: Tú eres mi Hijo amado; en ti tengo complacencia. (Lucas 3:21-22)

17 Y se le dio el libro del profeta Isaías; y habiendo abierto el libro, halló el lugar donde estaba escrito:
18 El Espíritu del Señor está sobre mí,
Por cuanto me ha ungido para dar buenas nuevas a los pobres;
Me ha enviado a sanar a los quebrantados de corazón;
A pregonar libertad a los cautivos,
Y vista a los ciegos;
A poner en libertad a los oprimidos;
19 A predicar el año agradable del Señor.

20 Y enrollando el libro, lo dio al ministro, y se sentó; y los ojos de todos en la sinagoga estaban fijos en él.
21 Y comenzó a decirles: Hoy se ha cumplido esta Escritura delante de vosotros. (Lucas 4:17-21)

Incluso cuando la gente se burlaba de Jesús, Él nunca dudó de Su significado para el Reino y la humanidad:

23 Él les dijo: Sin duda me diréis este refrán: Médico, cúrate a ti mismo; de tantas cosas que hemos oído que se han hecho en Capernaum, haz también aquí en tu tierra.
24 Y añadió: De cierto os digo, que ningún profeta es acepto en su propia tierra. (Lucas 4:23-24)

Al igual que Jesús, podemos estar confiados de que cuando ingresamos al Reino, Dios restaura nuestras posiciones de significado espiritual, propósito y poder. En el **libro de Apocalipsis**, el Apóstol Juan se refirió a los Creyentes como reyes y sacerdotes diciendo: *"y nos has hecho para nuestro Dios reyes y sacerdotes, y reinaremos sobre la tierra."* (**Apocalipsis 5:10**).

El Dr. Myles Munroe discute la identidad de los ciudadanos del Reino en su libro *Redescubriendo el Reino*:

[El] elemento más destacado que distingue el Reino de Dios de cualquier otro reino es el concepto de que todos sus ciudadanos son parientes del Rey, y son reyes ellos mismos. Este fue el mensaje que el Señor Jesucristo trajo a la tierra.[4]

El título de reyes y sacerdotes significa nuestra habilidad para usar nuestros dones de manera efectiva y para ejercer nuestro dominio en la Tierra:

26 Entonces dijo Dios: Hagamos al hombre a nuestra imagen, conforme a nuestra semejanza; y señoree en los peces del mar, en las aves de los cielos, en las bestias, en toda la tierra, y en todo animal que se arrastra sobre la tierra.
27 Y creó Dios al hombre a su imagen, a imagen de Dios lo creó; varón y hembra los creó.
28 Y los bendijo Dios, y les dijo: Fructificad y multiplicaos; llenad la tierra, y sojuzgadla, y señoread en los peces del mar, en las aves de los cielos, y en todas las bestias que se mueven sobre la tierra. (Génesis 1:26-28)

Los reyes son individuos que reinan según su llamado y toman autoridad sobre sus vidas al ejercer el "libre albedrío" que Dios le ha dado a cada ser humano. Los reyes usan sus dones para llevar el mensaje del Reino al mundo. Influyen en la humanidad con el conocimiento, los principios y las acciones impactantes del Reino. Como Reyes, podemos usar nuestros dones y talentos para ser líderes industriosos y productivos en el mundo. Ya sea que nuestros dones sean para los negocios, el gobierno, la medicina, la tecnología o las artes, Dios puede usarlos para atraer a otros al Reino.

Los sacerdotes tienen un llamado para enseñar la Palabra de Dios y administrar los asuntos del ministerio. Todos los Creyentes están equipados para compartir la Palabra, pero Dios ha llamado a individuos específicos para que sirvan como sacerdotes (pastores o ministros) y supervisen la administración y el funcionamiento de la iglesia, compartan las enseñanzas de Jesús con sus respectivas congregaciones, y designen líderes espirituales. Aquellos que sirven como sacerdotes también pueden ser líderes activos en sus comunidades.

En el Centro Diplomático, enfatizamos la necesidad de formar Reyes y Sacerdotes. Alentamos a nuestra congregación a servir en el ministerio y en la comunidad y a desarrollar negocios confiables.

No importa cuál sea nuestra función (rey, sacerdote o ambos), todos podemos ayudar a extender el Reino de Dios en la Tierra y cumplir la misión de Jesús de compartir las buenas nuevas con los demás

1 En el primer tratado, oh Teófilo, hablé acerca de todas las cosas que Jesús comenzó a hacer y a enseñar,
2 hasta el día en que fue recibido arriba, después de haber dado mandamientos por el Espíritu Santo a los Apóstoles que había escogido;
3 a quienes también, después de haber padecido, se presentó vivo con muchas pruebas indubitables, apareciéndoseles durante cuarenta días y hablándoles acerca del reino de Dios.
4 Y estando juntos, les mandó que no se fueran de Jerusalén, sino que esperasen la promesa del Padre, la cual, les dijo, oísteis de mí.
5 Porque Juan ciertamente bautizó con agua, mas vosotros seréis bautizados con el Espíritu Santo dentro de no muchos días.
6 Entonces los que se habían reunido le preguntaron, diciendo: Señor, ¿restaurarás el reino a Israel en este tiempo?
7 Y les dijo: No os toca a vosotros saber los tiempos o las sazones, que el Padre puso en su sola potestad;

8 pero recibiréis poder, cuando haya venido sobre vosotros el Espíritu Santo, y me seréis testigos en Jerusalén, en toda Judea, en Samaria, y hasta lo último de la tierra. (Hechos 1:1-8)

REFLEXIÓN DEL REINO

Jesús vino a restaurar el dominio del hombre en la Tierra y el acceso al Reino de Dios. Aquellos que ingresan al Reino reciben nueva identidad como hijos e hijas de Dios y Ciudadanos de Su Reino. Su pasado ya no los define. Se convierten en nuevas criaturas y reciben un llamado divino para operar en la Tierra como Reyes y Sacerdotes, para compartir el mensaje y los principios del Reino, y para usar sus dones y talentos para ayudar a mejorar el mundo (una persona a la vez).

17 De modo que si alguno está en Cristo, nueva criatura es; las cosas viejas pasaron; he aquí todas son hechas nuevas. (2 Corintios 5:17)

9 Mas vosotros sois linaje escogido, real sacerdocio, nación santa, pueblo adquirido por Dios, para que anunciéis las virtudes de aquel que os llamó de las tinieblas a su luz admirable. (I Pedro 2:9)

DESAFÍO DEL REINO

Nuestra cultura está fascinada con el concepto del cambio de imagen. Hay muchos programas de televisión dedicados a personas que buscan experimentar una transformación positiva, ya sea física, emocional o financiera. A medida que usted continúa este viaje de **aprender de Jesús** y aplica Sus enseñanzas, experimentará un cambio de imagen espiritual que se reflejará en su carácter y en su vida. Cuando la gente note su progreso, le animo a usarlo como una oportunidad para compartir con ellos el poder transformador de **aprender de Jesús** y vivir como un Ciudadano del Reino.

Por favor note: Este capítulo presentó una introducción básica y una visión general del Reino de Dios. El Reino es un tema extenso y demanda un estudio profundo. Para expandir su conocimiento del Reino, le animo a que siga consultando la Palabra de Dios. También puede complementar su estudio de la Palabra con enseñanzas de buena reputación. Recomiendo cualquier material escrito por el Dr. Myles Munroe.

Capítulo 4
APRENDIENDO A DISTINGUIR EL REINO DE DIOS DE LA RELIGIÓN

Aprender de Jesús nos permitirá distinguir entre el Reino de Dios y la religión. Este conocimiento es crucial porque transformará la manera en la que vemos nuestra relación con Dios y nuestro lugar en Su Reino.

En este capítulo, aprenderemos:

- Cómo la religión llegó a ser parte de la experiencia humana (basados solamente en las narrativas Bíblicas)
- La diferencia entre los preceptos del Reino y las leyes y rituales religiosos
- Por qué Jesús habló tan fuertemente contra el legalismo religioso y tan apasionadamente acerca del Reino

LA VIDA CON EL CREADOR ANTES DE LA RELIGIÓN

En el Jardín del Edén, Adán y Eva disfrutaban de una relación con Dios íntima y libre de rituales. Ellos tenían comunión con Él libremente; no había necesidad de religión ni de un mediador espiritual entre ellos y Dios. No tenían preocupaciones sobre su sustento porque vivían en un lugar que Dios había creado sólo para ellos. Él proveía para sus necesidades a través de los alimentos que el huerto producía, y Dios les había dado dominio sobre la Tierra y sus criaturas. Dios, esencialmente, los bendijo con una vida perfecta:

26 Entonces dijo Dios: Hagamos al hombre a nuestra imagen, conforme a nuestra semejanza; y señoree en los peces del mar, en las aves de los cielos, en las bestias, en toda la tierra, y en todo animal que se arrastra sobre la tierra.

29 Y dijo Dios: He aquí que os he dado toda planta que da semilla, que está sobre toda la tierra, y todo árbol en que hay fruto y que da semilla; os serán para comer. (Génesis 1:26, 29)

Desafortunadamente, en el momento en que Adán y Eva eligieron seguir la sugerencia de la serpiente de comer del *Árbol del Conocimiento del Bien y del Mal*, abdicaron su posición de dominio sobre la Tierra. Además, debido a que no confiaron en la Palabra de Dios ni obedecieron Su mandamiento, Adán y Eva dañaron su relación pacífica con Dios y perdieron el acceso al Jardín del Edén:

17 Y al hombre dijo: Por cuanto obedeciste a la voz de tu mujer, y comiste del árbol de que te mandé diciendo: No comerás de él. (Génesis 3:17a)

23 Y lo sacó Jehová del huerto del Edén, para que labrase la tierra de que fue tomado.
24 Echó, pues, fuera al hombre, y puso al oriente del huerto de Edén querubines, y una espada encendida que se revolvía por todos lados, para guardar el camino del árbol de la vida. (Génesis 3:23-24)

Desde el momento en que Adán y Eva actuaron en incredulidad y desobediencia, la humanidad ha luchado por recuperar su poder (dominio) en la Tierra y su relación con Dios. La religión ha sido la solución del hombre para recuperar lo que Adán perdió en el Jardín. En su libro *Redescubriendo el Reino*, El Dr. Munroe escribe acerca de la razón por la que el ser humano necesita de la religión:

El espíritu humano anhela un mundo que él pueda controlar, dónde las circunstancias están a merced de su voluntad. Este es el mayor deseo de los seres humanos. Esta es también la fuente y la motivación para el desarrollo y la práctica religiosa y espiritual.[1]

Aunque las acciones de Adán en el Jardín resultaron en el establecimiento de innumerables religiones y creencias, cuando **aprendemos de Jesús**, llegamos a comprender que Dios preside un Reino, no una religión:

17 Desde entonces comenzó Jesús a predicar, y a decir: Arrepentíos, porque el reino de los cielos se ha acercado. (Mateo 4:17)

PRIMEROS EJEMPLOS DE RELIGIÓN EN LA BIBLIA

Después de la expulsión de Adán y Eva del Jardín del Edén y su caída del Reino, la humanidad se desarrolló y participó en rituales para intentar reconectarse con el Creador. A continuación hay una lista de ejemplos de la Biblia sobre la práctica de la religión del hombre (tal como entendemos los sistemas religiosos hoy):

1. **Caín y Abel** — Caín y Abel, los hijos de Adán y Eva, tuvieron la oportunidad de adorar a Dios presentándole una ofrenda. Abel era un pastor de ovejas, por lo que le ofreció a Dios una ofrenda de su rebaño. Caín era agricultor y eligió presentar productos de su cosecha como ofrenda. Dios aceptó el sacrificio de Abel, pero no se agradó del sacrificio de Caín:

> *1 Conoció Adán a su mujer Eva, la cual concibió y dio a luz a Caín, y dijo: Por voluntad de Jehová he adquirido varón.*
> *2 Después dio a luz a su hermano Abel. Y Abel fue pastor de ovejas, y Caín fue labrador de la tierra.*
> *3 Y aconteció andando el tiempo, que Caín trajo del fruto de la tierra una ofrenda a Jehová.*
> *4 Y Abel trajo también de los primogénitos de sus ovejas, de lo más gordo de ellas. Y miró Jehová con agrado a Abel y a su ofrenda;*
> *5 pero no miró con agrado a Caín y a la ofrenda suya. Y se ensañó Caín en gran manera, y decayó su semblante.*
> *6 Entonces Jehová dijo a Caín: ¿Por qué te has ensañado, y por qué ha decaído tu semblante?*
> *7 Si bien hicieres, ¿no serás enaltecido? y si no hicieres bien, el pecado está a la puerta; con todo esto, a ti será su deseo, y tú te enseñorearás de él. (Génesis 4:1-7)*

El libro de Génesis no especifica la razón por la qué Dios rechazó la ofrenda de Caín, pero en **Hebreos 11:4** encontramos una revelación de la razón por qué Dios se agradó de la ofrenda de Abel:

> *4 Por la fe Abel ofreció a Dios más excelente sacrificio que Caín, por lo cual alcanzó testimonio de que era justo, dando Dios testimonio de sus ofrendas; y muerto, aún habla por ella. (Hebreos 11:4)*

El Señor se agradó de la ofrenda de Abel porque se la presentó con un corazón de fe. Además, algunos estudiosos sugieren que el sacrificio del rebaño de Abel dejaba entrever la obra de Jesucristo para redimir al hombre a través de Su muerte en la cruz. Las Escrituras con frecuencia se refieren a Jesús como el "Cordero de Dios" que se sacrificaría a sí mismo por la humanidad:

> 29 El siguiente día vio Juan a Jesús que venía a él, y dijo: He aquí el Cordero de Dios, que quita el pecado del mundo. (Juan 1:29)

Debido a que las Escrituras se refieren a la ofrenda de Abel como un acto de fe, tal vez podemos suponer que Dios no se agradó de la ofrenda de Caín porque no presentó su ofrenda en un espíritu de fe (**Hebreos 11: 4**). Aunque las Escrituras no mencionan la verdadera razón por la cual Dios no se agradó de la ofrenda de Caín, me gustaría sugerir que la ofrenda de Caín era equivalente a un acto religioso porque no cumplía con los estándares de Dios. Caín presentó su acto de adoración de una manera que Dios no consideró aceptable. Su historia ilustra el fracaso de la religión. La religión no considera lo que Dios desea; busca agradar a Dios en los términos del hombre. El intento de Caín de encontrar el favor de Dios decepcionó a Dios y dejó a Caín sintiendo envidia de la aprobación que Dios le concedió a Abel.

Tristemente, Caín reaccionó vengativamente ante el desagrado de Dios asesinando a su hermano Abel:

> 8 Y dijo Caín a su hermano Abel: Salgamos al campo. Y aconteció que estando ellos en el campo, Caín se levantó contra su hermano Abel, y lo mató.
> 9 Y Jehová dijo a Caín: ¿Dónde está Abel tu hermano? Y él respondió: No sé. ¿Soy yo acaso guarda de mi hermano?
> 10 Y él le dijo: ¿Qué has hecho? La voz de la sangre de tu hermano clama a mí desde la tierra. (Génesis 4:8-10)

En mi opinión, Caín mató a Abel por enojo, envidia y frustración espiritual. Podemos comparar el comportamiento de Caín con la forma en que las personas religiosas se han comportado a lo largo de la historia. La gente ha librado guerras devastadoras para preservar sus ideas religiosas, para imponer sus creencias religiosas a los demás y para demostrar que sólo ellos conocen el camino a Dios. Este tipo de guerras y disputas revelan el peligro de la religión. La religión puede dejar a una persona vacía de realización espiritual, engañar a una persona en su búsqueda de Dios y tener efectos devastadores en un individuo y en quiénes lo rodean.

2. La Torre de Babel — Antes de examinar cómo la Torre de Babel sirve como ejemplo de religión, primero revisaremos los eventos que llevaron a la construcción de la Torre, siendo el más importante el Diluvio Universal.

En el **Libro de Génesis**, la Tierra sufrió un diluvio por causa de la desobediencia y la corrupción del hombre:

> *11 Y se corrompió la tierra delante de Dios, y estaba la tierra llena de violencia.*
> *12 Y miró Dios la tierra, y he aquí que estaba corrompida; porque toda carne había corrompido su camino sobre la tierra.*
> *13 Dijo, pues, Dios a Noé: He decidido el fin de todo ser, porque la tierra está llena de violencia a causa de ellos; y he aquí que yo los destruiré con la tierra.*
> *14 Hazte un arca de madera de gofer; harás aposentos en el arca, y la calafatearás con brea por dentro y por fuera.*
>
> *17 Y he aquí que yo traigo un diluvio de aguas sobre la tierra, para destruir toda carne en que haya espíritu de vida debajo del cielo; todo lo que hay en la tierra morirá.*
> *18 Mas estableceré mi pacto contigo, y entrarás en el arca tú, tus hijos, tu mujer, y las mujeres de tus hijos contigo. (Génesis 6:11-14, 17-18)*

Después de que las aguas del diluvio disminuyeron, los hombres repoblaron la Tierra. Cuando las personas se establecieron y fundaron ciudades, decidieron que habitar la tierra no era suficiente. Querían expandir su territorio y su poder construyendo una torre que alcanzara los cielos. No construyeron la torre para honrar a Dios; en vez de eso, la construyeron como un monumento a su ingenio. **Génesis 11: 4** dice:

> *4 Y dijeron: Vamos, edifiquémonos una ciudad y una torre, cuya cúspide llegue al cielo; y hagámonos un nombre, por si fuéremos esparcidos sobre la faz de toda la tierra. (Génesis 11: 4)*

Aunque la Biblia no se refiere a la Torre de Babel como un símbolo de religión, la construcción de la Torre expande nuestra definición de religión para incluir la práctica de la idolatría. La decisión de edificar la Torre era una señal de que el hombre se había convertido en un dios para sí mismo. En lugar de utilizar su inteligencia y talentos para reverenciar a Dios, la gente eligió edificar la torre para honrarse a sí mismos.

3. Abraham — La historia de Abraham es diferente de los ejemplos anteriores. Abraham es la historia de alguien que fue llamado por Dios para que abandonara sus tradiciones religiosas

En **Josué 24:2-4** leemos:

> *2 Y dijo Josué a todo el pueblo: Así dice Jehová, Dios de Israel: Vuestros padres habitaron antiguamente al otro lado del río, esto es, Taré, padre de Abraham y de Nacor; y servían a dioses extraños.*
> *3 Y yo tomé a vuestro padre Abraham del otro lado del río, y lo traje por toda la tierra de Canaán, y aumenté su descendencia, y le di Isaac.*
> *4 A Isaac di Jacob y Esaú. Y a Esaú di el monte de Seir, para que lo poseyese; pero Jacob y sus hijos descendieron a Egipto.*

Dios llamó a Abraham de una tradición de idolatría a una relación con Él. Abraham escogió seguir los caminos del Señor y descubrir las promesas que Dios tenía para él:

> *1 Pero Jehová había dicho a Abram: Vete de tu tierra y de tu parentela, y de la casa de tu padre, a la tierra que te mostraré. (Génesis 12:1)*

> *56 Abraham vuestro padre se gozó de que había de ver mi día; y lo vio, y se gozó.*
> *57 Entonces le dijeron los judíos: Aún no tienes cincuenta años, ¿y has visto a Abraham?*
> *58 Jesús les dijo: De cierto, de cierto os digo: Antes que Abraham fuese, yo soy.*
> *59 Tomaron entonces piedras para arrojárselas; pero Jesús se escondió y salió del templo; y atravesando por en medio de ellos, se fue. (Juan 8:56-59)*

Como resultado de la decisión de Abraham de seguir a Dios, todos los Creyentes son herederos de las bendiciones y promesas que Dios le hizo a Abraham. Pero solo podemos disfrutar de esas promesas por entrar al Reino, no por practicar la religión:

> *25 Vosotros sois los hijos de los profetas, y del pacto que Dios hizo con nuestros padres, diciendo a Abraham: En tu simiente serán benditas todas las familias de la tierra. (Hechos 3:25)*

> *16 Por tanto, es por fe, para que sea por gracia, a fin de que la promesa sea firme para toda su descendencia; no solamente para la que es de la*

ley, sino también para la que es de la fe de Abraham, el cual es padre de todos nosotros. (Romanos 4:16)

7 Sabed, por tanto, que los que son de fe, éstos son hijos de Abraham.
8 Y la Escritura, previendo que Dios había de justificar por la fe a los gentiles, dio de antemano la buena nueva a Abraham, diciendo: En ti serán benditas todas las naciones.
9 De modo que los de la fe son bendecidos con el Creyente Abraham. (Gálatas 3:7-9)

29 Y si vosotros sois de Cristo, ciertamente linaje de Abraham sois, y herederos según la promesa. (Gálatas 3:29)

EL REINO DE DIOS NO ES UNA RELIGIÓN

Expreso la siguiente opinión cuidadosa y sinceramente: creo que todas las religiones (pasadas y presentes) son iguales. Buscan iluminar a otros sobre los asuntos espirituales y los caminos de Dios, procuran definir el significado de la vida, intentan describir el origen del hombre, afirman poseer los secretos para superar las circunstancias negativas, e incluso, pretenden explicar el significado y el objetivo de la muerte.

Además, todas las religiones afirman ser dueñas de la verdad y desacreditan las posiciones de los demás. Desafortunadamente, intentan concebir respuestas a las preguntas más profundas de la vida sin comprender las verdades del Reino de Dios.

Algunas personas incluso han llegado a la conclusión de que todas las religiones y caminos espirituales pueden llevar a un individuo a la verdad y a una conexión más profunda con Dios. Para ellos, todas las religiones existen en un metafórico "Centro Comercial de Fe". Uno puede elegir su sistema de creencias basado en sus preferencias personales. En ese paradigma, el cristianismo es simplemente otro "puesto religioso" que promueve una opción para la iluminación espiritual.

En verdad, muchas personas tienen la percepción de que el Cristianismo es una religión porque algunos Creyentes han tergiversado la fe predicando reglas y regulaciones en vez del mensaje del Reino. Por causa de esas tergiversaciones, algunas personas no tienen interés en asistir a las reuniones Cristianas ni en seguir a Cristo. No entienden que los Creyentes representan un gobierno Celestial, no una religión.

Mi próxima declaración puede sorprenderlo, pero creo que el término Cristiano es un nombre inapropiado para aquellos que han abrazado el Reino de Dios. Aunque las personas usan el término "Cristiano" porque creen que es un título positivo para aquellos que siguen a Cristo, el uso original de la palabra era burlarse de los que se habían convertido del judaísmo a la fe en Cristo (**Hechos 11:26**). En mi opinión, el nombre más apropiado para los Creyentes proviene directamente de las palabras de Jesús: *Hijos de Dios* (**Juan 1:12**). La frase *Ciudadanos del Reino* también describe con precisión nuestra relación con Dios y el Reino. Mientras que algunos Creyentes pueden estar en desacuerdo conmigo sobre cómo debemos identificarnos, lo *más* importante es que entendamos que representamos el Reino que Jesús introdujo.

A pesar de la tendencia de las personas a etiquetar a los Creyentes como parte de la "religión cristiana", la siguiente tabla destaca lo que creo son distinciones clave entre la religión y el Reino de Dios.

Concepto	Perspectiva de la Religión	Perspectiva del Reino
Reglas y Leyes	La religión promueve reglas y rituales hechos por el hombre para apaciguar a Dios y controlar la voluntad y el comportamiento de las personas.	Las Leyes Supremas de Dios incluyen todos los preceptos, consejos y guías que contiene Su Palabra. Dios diseñó estas Leyes para establecer el orden y proteger a los Ciudadanos de Su Reino.
El Significado de la vida y la Muerte	La religión enseña a los hombres a prepararse para abandonar la Tierra anticipándose a una "vida mejor" después de la muerte.	El Reino empodera a las personas para vivir victoriosamente mientras están en la Tierra. La muerte se considera el final del servicio de una persona a la humanidad. Debería significar que el Creyente ha maximizado su potencial en la Tierra.

Concepto	Perspectiva de la Religión	Perspectiva del Reino
Responsabilidad Personal	La religión se enfoca en enseñar el Cielo, o la otra vida, como un escape de los problemas en la Tierra. Alienta a las personas a actuar de forma pasiva frente a las circunstancias de la vida en lugar de actuar en un espíritu de poder y dominio.	En el Reino, los individuos son empoderados para resolver problemas y ser productivos. El Reino alienta al individuo a tener un impacto positivo en las generaciones actuales y futuras.
La Relación con Dios	El hombre busca a Dios por medio de sus métodos.	Dios desciende a la Tierra, en la persona de Jesús, para relacionarse con el hombre y presentarle el Reino original.
El Cielo y la Tierra	Dios y el Reino residen en el Cielo.	El Espíritu de Dios vive en Su pueblo, y ellos traen influencia, cultura y dominio del Cielo a la Tierra. Jesús oró: "Venga tu reino". (Mateo 6:10)

Como podemos ver en la tabla, ¡hay una diferencia significativa entre la religión y el Reino de Dios! Aquellos de nosotros que creemos en Jesús como nuestro Señor y Salvador no somos religiosos; somos Ciudadanos de Su Reino. Jesús es el Rey; Él no es una figura religiosa. La Biblia se refiere a Él como "REY DE REYES Y SEÑOR DE SEÑORES" (Apocalipsis 19:16). Su Reino es para el aquí y ahora. ¡No es una promesa para mañana; es para hoy!

Y a pesar de los intentos, ninguna religión podrá llevar al hombre a una relación con Dios. Ninguna religión tampoco tendrá el poder de restaurar al hombre a su lugar original de dominio y plenitud. La restauración y plenitud solo existen dentro del Reino de Dios. Si le inquieta el haber participado en la religión en lugar de haber buscado el Reino, tómese su tiempo para meditar sobre las diferencias entre la religión y el Reino. También puede aplicar las siguientes pautas para asegurarse de que su vida espiritual esté centrada en el Reino y no simplemente ocupada en prácticas religiosas:

1. Examine Su Hombre Interior — ¿Las creencias y enseñanzas a las que usted se suscribe resuenan con el Espíritu de Dios en su interior? ¿Tiene paz en su corazón que refleja la verdad de Dios?

2. Escudriñe las Escrituras — ¿Las enseñanzas que usted sigue son confirmadas por las enseñanzas de Jesús tal y como se encuentran en las Escrituras? Siempre busque en las Escrituras para verificar que lo que escucha o lo que cree está en la Palabra de Dios. NUNCA acepte la palabra de una persona sin verificarlo en las Escrituras. El hecho de que alguien se pare detrás de un podio, no significa que está preparado para compartir la VERDAD de la Palabra de Dios. Del mismo modo, solo porque usted haya formulado cierta perspectiva de la vida, debido a sus experiencias, no significa que se alinee con las verdades del Reino.

3. Sea como los de Berea — La manera más segura de distinguir entre las ideas religiosas y los principios del Reino es conocer la Palabra de Dios. Los de Berea eran un grupo de Creyentes que el Apóstol Pablo describe como diligentes en su estudio e investigación de la Palabra de Dios:

> *11 Y éstos eran más nobles que los que estaban en Tesalónica, pues recibieron la palabra con toda solicitud, escudriñando cada día las Escrituras para ver si estas cosas eran así. (Hechos 17:11)*

LAS REGLAS DE LA RELIGIÓN VS. LA LEY SUPREMA DE DIOS

Algunos pueden argumentar que, como la religión, el Reino impone un sistema de reglas y regulaciones morales; este es uno de los muchos malentendidos sobre el Reino. En realidad, los principios del Reino, que incluyen las Leyes de Dios, existen para ayudarnos. Nos proporcionan estándares para la vida y promesas que nos llevan al camino del éxito. Revelan cómo prosperar en la familia, en los negocios, en la carrera, en la salud, en el desarrollo personal, en el servicio y en el liderazgo:

> *8 Nunca se apartará de tu boca este libro de la ley, sino que de día y de noche meditarás en él, para que guardes y hagas conforme a todo lo que en él está escrito; porque entonces harás prosperar tu camino, y todo te saldrá bien. (Josué 1:8)*

Estamos empoderados para seguir los principios del Reino, obedecer a Dios y superar nuestras deficiencias al confesar a Jesús como nuestro Señor, y al honrar Su sacrificio en la cruz con las decisiones que tomamos:

9 que si confesares con tu boca que Jesús es el Señor, y creyeres en tu corazón que Dios le levantó de los muertos, serás salvo.
10 Porque con el corazón se cree para justicia, pero con la boca se confiesa para salvación. (Romanos 10:9-10)

Algunos que tienen una mentalidad religiosa, solo presentan las Leyes de Dios como una herramienta para etiquetar y juzgar los pecados de los demás. Sin embargo, una vez que una persona ingresa al Reino, la salvación que recibe garantiza que él es perfecto, santo y justo a los ojos de Dios. Su justicia no tiene nada que ver con su comportamiento, acciones o habilidad para guardar la Ley. Esa persona puede presentarse ante Dios porque la justicia de Jesucristo cubre sus defectos y errores.

Dios estableció el Reino basado en los deseos e inclinaciones de Su corazón. Si no entendemos el corazón de Dios, entonces leeremos Su Palabra como regulaciones religiosas, estatutos y reglas diseñadas para controlarnos y condenarnos. Las Leyes de Dios no se tratan de restricciones. Están diseñadas para ayudarnos a vivir de una manera que nos traigan la vida de paz y abundancia que Dios desea para nosotros. Nos ayudan a examinar los deseos de nuestros corazones y nos muestran cómo podemos honrar a Dios y amar a los demás:

7 La ley de Jehová es perfecta, que convierte el alma;
El testimonio de Jehová es fiel, que hace sabio al sencillo.
8 Los mandamientos de Jehová son rectos, que alegran el corazón;
El precepto de Jehová es puro, que alumbra los ojos.
9 El temor de Jehová es limpio, que permanece para siempre;
Los juicios de Jehová son verdad, todos justos.
10 Deseables son más que el oro, y más que mucho oro afinado;
Y dulces más que miel, y que la que destila del panal.
11 Tu siervo es además amonestado con ellos;
En guardarlos hay grande galardón.
12 ¿Quién podrá entender sus propios errores?
Líbrame de los que me son ocultos.
13 Preserva también a tu siervo de las soberbias;
Que no se enseñoreen de mí;
Entonces seré íntegro, y estaré limpio de gran rebelión.

14 Sean gratos los dichos de mi boca y la meditación de mi corazón de-
lante de ti, Oh Jehová, roca mía, y redentor mío. (Salmos 19:7-14)

RITUALES DEL ANTIGUO PACTO VS. PLENITUD DEL NUEVO PACTO

Aunque el Reino de Dios no es una religión, creo que es importante discutir el propósito de los sacrificios rituales, las tradiciones y las prácticas que
Dios ordenó que Su pueblo hiciera en el Antiguo Testamento. También es
importante hablar de cómo Cristo vino a eliminar la necesidad de estos
ritos y prácticas.

Antes de que Cristo viniera a la Tierra, Dios, a través de Moisés, ordenó
a los israelitas que observaran ciertas prácticas (como los sacrificios de
animales) como un símbolo de su relación de pacto con Él. Estas prácticas fueron diseñadas para ayudar al pueblo de Dios a modelar y alinear
su moral, cultura y estilo de vida con los caminos de Dios; para reconocer
la soberanía y la santidad de Dios; para participar en la adoración, acción
de gracias y expiación; y para demostrar su consagración general y compromiso con Él.

1 Habló Jehová a Moisés y a Aarón en la tierra de Egipto, diciendo:
2 Este mes os será principio de los meses; para vosotros será éste el prim-
ero en los meses del año.
3 Hablad a toda la congregación de Israel, diciendo: En el diez de este
mes tómese cada uno un cordero según las familias de los padres, un
cordero por familia. (Éxodo 12:1-3)

5 Ahora, pues, si diereis oído a mi voz, y guardareis mi pacto, vosotros
seréis mi especial tesoro sobre todos los pueblos; porque mía es toda la
tierra.
6 Y vosotros me seréis un reino de sacerdotes, y gente santa. Estas son las
palabras que dirás a los hijos de Israel. (Éxodo 19:5-6)

9 Y rociará de la sangre de la expiación sobre la pared del altar; y lo que
sobrare de la sangre lo exprimirá al pie del altar; es expiación.
10 Y del otro hará holocausto conforme al rito; así el sacerdote hará
expiación por el pecado de aquel que lo cometió, y será perdonado.
(Levítico 5:9-10)

1 Habló Jehová a Moisés después de la muerte de los dos hijos de Aarón,
cuando se acercaron delante de Jehová, y murieron.

2 Y Jehová dijo a Moisés: Di a Aarón tu hermano, que no en todo tiempo entre en el santuario detrás del velo, delante del propiciatorio que está sobre el arca, para que no muera; porque yo apareceré en la nube sobre el propiciatorio.
3 Con esto entrará Aarón en el santuario: con un becerro para expiación, y un carnero para holocausto. (Levítico 16:1-3)

Desafortunadamente, Dios sabía que debido a la imperfección de la humanidad, los hombres y las mujeres no podrían cumplir Sus leyes e instrucciones. Dios, por lo tanto, planificó aliviar la carga de esas leyes y rituales estableciendo un Nuevo Pacto con la humanidad. Dios deseaba entrar en una relación con el hombre que no necesitaría ser mantenida o afirmada mediante la realización de sacrificios rituales o la defensa de las tradiciones. A través de Jesucristo (el Mesías), la humanidad libremente podría volver a tener amistad con Dios, comunicarse con Dios, y adorar a un Dios santo, a pesar de las imperfecciones de los seres humanos:

3 Porque lo que era imposible para la ley, por cuanto era débil por la carne, Dios, enviando a su Hijo en semejanza de carne de pecado y a causa del pecado, condenó al pecado en la carne;
4 para que la justicia de la ley se cumpliese en nosotros, que no andamos conforme a la carne, sino conforme al Espíritu. (Romanos 8:3-4)

El escritor a los Hebreos hace una muy clara comparación entre el Antiguo Pacto y el Nuevo Pacto. Las siguientes Escrituras nos ayudarán a aprender y entender el desvanecimiento del Antiguo Pacto y el establecimiento del Nuevo Pacto, para operar plenamente en la Tierra a través de cada Ciudadano del Reino:

12 Porque seré propicio a sus injusticias,
Y nunca más me acordaré de sus pecados y de sus iniquidades.
13 Al decir: Nuevo pacto, ha dado por viejo al primero; y lo que se da por viejo y se envejece, está próximo a desaparecer. (Hebreos 8:12-13)

1 Porque la ley, teniendo la sombra de los bienes venideros, no la imagen misma de las cosas, nunca puede, por los mismos sacrificios que se ofrecen continuamente cada año, hacer perfectos a los que se acercan.
2 De otra manera cesarían de ofrecerse, pues los que tributan este culto, limpios una vez, no tendrían ya más conciencia de pecado.
3 Pero en estos sacrificios cada año se hace memoria de los pecados;

4 porque la sangre de los toros y de los machos cabríos no puede quitar los pecados.

5 Por lo cual, entrando en el mundo dice:
Sacrificio y ofrenda no quisiste;
Mas me preparaste cuerpo.

6 Holocaustos y expiaciones por el pecado no te agradaron.

7 Entonces dije: He aquí que vengo, oh Dios, para hacer tu voluntad,
Como en el rollo del libro está escrito de mí.

8 Diciendo primero: Sacrificio y ofrenda y holocaustos y expiaciones por el pecado no quisiste, ni te agradaron (las cuales cosas se ofrecen según la ley),

9 y diciendo luego: He aquí que vengo, oh Dios, para hacer tu voluntad; quita lo primero, para establecer esto último.

10 En esa voluntad somos santificados mediante la ofrenda del cuerpo de Jesucristo hecha una vez para siempre.

11 Y ciertamente todo sacerdote está día tras día ministrando y ofreciendo muchas veces los mismos sacrificios, que nunca pueden quitar los pecados;

12 pero Cristo, habiendo ofrecido una vez para siempre un solo sacrificio por los pecados, se ha sentado a la diestra de Dios,

13 de ahí en adelante esperando hasta que sus enemigos sean puestos por estrado de sus pies;

14 porque con una sola ofrenda hizo perfectos para siempre a los santificados. (Hebreos 10:1-14)

Durante muchas generaciones, el pueblo de Dios escuchó las profecías de la venida del Mesías y el establecimiento del Nuevo Pacto:

6 Porque un niño nos es nacido, hijo nos es dado, y el principado sobre su hombro; y se llamará su nombre Admirable, Consejero, Dios Fuerte, Padre Eterno, Príncipe de Paz. (Isaías 9:6)

2 Pero tú, Belén Efrata, pequeña para estar entre las familias de Judá, de ti me saldrá el que será Señor en Israel; y sus salidas son desde el principio, desde los días de la eternidad. (Miqueas 5:2)

17 De manera que todas las generaciones desde Abraham hasta David son catorce; desde David hasta la deportación a Babilonia, catorce; y desde la deportación a Babilonia hasta Cristo, catorce.

20 Y pensando él en esto, he aquí un ángel del Señor le apareció en sueños y le dijo: José, hijo de David, no temas recibir a María tu mujer, porque lo que en ella es engendrado, del Espíritu Santo es.

21 Y dará a luz un hijo, y llamarás su nombre JESÚS, porque él salvará a su pueblo de sus pecados.
22 Todo esto aconteció para que se cumpliese lo dicho por el Señor por medio del profeta, cuando dijo:
23 He aquí, una virgen concebirá y dará a luz un hijo,
Y llamarás su nombre Emanuel,
que traducido es: Dios con nosotros. (Mateo 1:17, 20-23)

25 Y he aquí había en Jerusalén un hombre llamado Simeón, y este hombre, justo y piadoso, esperaba la consolación de Israel; y el Espíritu Santo estaba sobre él.
26 Y le había sido revelado por el Espíritu Santo, que no vería la muerte antes que viese al Ungido del Señor.
27 Y movido por el Espíritu, vino al templo. Y cuando los padres del niño Jesús lo trajeron al templo, para hacer por él conforme al rito de la ley. (Lucas 2:25-27)

Pero en los años entre el Antiguo y el Nuevo Testamento (el tiempo entre los libros de **Malaquías** y **Mateo**), mientras el pueblo de Dios esperaba la llegada del Mesías, varios grupos de líderes religiosos se levantaron a posiciones de mayor poder e influencia entre los judíos. Durante ese período de 400 años, al que nos referimos algunas veces como los "Años del Silencio", no hubo una palabra directa de Dios a través de los profetas, por lo que esas nuevas autoridades religiosas tuvieron que interpretar, enseñar y hacer cumplir las leyes y prácticas de Dios basadas en los consejos del Sanedrín. Las notas de la *Biblia de Estudio del Diario Vivir* proporcionan más información sobre el liderazgo espiritual de ese tiempo:

Los sacerdotes continúan siendo líderes, pero también hay nuevos grupos con autoridad religiosa, entre ellos los fariseos, los saduceos y los escribas (maestros de la ley religiosa). Sobre todos estos hay un cuerpo gobernante llamado el Sanedrín («el concilio»), que funciona como una corte suprema religiosa.

Quizás lo más notable de esta época sea la ausencia de profetas. Malaquías fue parte de una sucesión de profetas que por siglos proclamaron los mensajes de Dios al pueblo, pero durante el intervalo entre el Antiguo y el Nuevo Testamento… Por más de 400 años, los Cielos parecieron estar cerrados a la nación de Israel. No escucharon nada de parte de Dios, solamente silencio.[2]

Desafortunadamente, cuando Jesús comenzó Su ministerio, estos grupos de líderes religiosos habían distorsionado las leyes y las prácticas instituidas por Dios al agregar a lo que ya Él había establecido. Las distorsiones de los líderes religiosos de las leyes e instrucciones de Dios no mejoraron la relación de las personas con Dios; por el contrario, aumentaron la carga espiritual de la gente:

7 Pues en vano me honran,
Enseñando como doctrinas mandamientos de hombres.
8 Porque dejando el mandamiento de Dios, os aferráis a la tradición
de los hombres: los lavamientos de los jarros y de los vasos de beber; y
hacéis otras muchas cosas semejantes. (Marcos 7:7-8)

El nacimiento de Jesús significó la llegada del Mesías que vino a cumplir con los requisitos de las leyes y rituales de Dios, y a destruir todos los sistemas de opresión, religión y tradición creados por los líderes religiosos de ese tiempo. Las notas de la Biblia de Estudio Del Diario Vivir dicen:

El silencio de Dios finalmente llegó a su fin. Al principio del Evangelio
de Mateo, vemos que los judíos eran súbditos descontentos del Imperio
romano. Tenían libertad de culto y autoridad limitada para supervisar
asuntos internos, pero anhelaban más. Habían laido las profecías del
Antiguo Testamento y esperaban con ansias al Mesías prometido.[3]

A través de Jesús, el hombre tendría acceso directo para comunicarse con Dios y tener comunión con Él. El hombre ya no necesitaría que los sacerdotes terrenales actuaran como mediadores, ni necesitaría más de sacrificios rituales para expiar los pecados. Cristo Jesús serviría como Sacrificio y Sacerdote eterno de la humanidad:

27 que no tiene necesidad cada día, como aquellos sumos sacerdotes,
de ofrecer primero sacrificios por sus propios pecados, y luego por los
del pueblo; porque esto lo hizo una vez para siempre, ofreciéndose a sí
mismo.
28 Porque la ley constituye sumos sacerdotes a débiles hombres; pero la
palabra del juramento, posterior a la ley, al Hijo, hecho perfecto para
siempre. (Hebreos 7:27-28)

6 Pero ahora tanto mejor ministerio es el suyo, cuanto es mediador de un
mejor pacto, establecido sobre mejores promesas. (Hebreos 8:6)

Una vez que Jesús introdujo el Reino en la Tierra, el hombre ya no tenía que observar los rituales y las prácticas del **Antiguo Pacto** para agradar a Dios. Aquellos que ingresaran al Reino tendrían un corazón renacido del Espíritu y la Palabra de Dios. Tendrían un corazón que estaría genuinamente motivado para vivir de una manera que agradara a Dios:

> 3 Siendo manifiesto que sois carta de Cristo expedida por nosotros, escrita no con tinta, sino con el Espíritu del Dios vivo; no en tablas de piedra, sino en tablas de carne del corazón. (2 Corintios 3:3)

Me entristece ver que algunas iglesias modernas han comenzado a revivir las prácticas del Antiguo Pacto, como festivales y rituales. ¡Que tragedia! Jesús vino a destruir esa carga. El tiempo de matar animales en el templo y observar las antiguas prácticas del Antiguo Pacto ya ha pasado. Jesús vino para decirnos: "**Yo soy el Sacrificio final; ¡Aprendan de Mí!**"

> 26 De otra manera le hubiera sido necesario padecer muchas veces desde el principio del mundo; pero ahora, en la consumación de los siglos, se presentó una vez para siempre por el sacrificio de sí mismo para quitar de en medio el pecado. (Hebreos 9:26)

ESCOGIENDO EL REINO SOBRE LA RELIGIÓN: LA HISTORIA DE PABLO

Jesús quiere que cada uno de nosotros sea parte del Reino, no de la religión. El Reino puede lograr lo que la religión no puede: la restauración de la intención original de Dios para nuestras vidas. Aun si estamos bajo el control y la influencia de la religión, cuando nos encontramos con el Reino de Dios, podemos experimentar la libertad espiritual.

Uno de los ejemplos más prominentes de una persona completamente transformada por el Reino es la historia de Saulo de Tarso, el hombre comúnmente conocido como el Apóstol Pablo. Antes de su encuentro con Jesús, Pablo era un verdadero fanático religioso. Él fervientemente perseguía y torturaba a los Creyentes por seguir a Jesús. Él se creía justificado en su misión de preservar las enseñanzas y prácticas de la Ley Judía:

> 13 Porque ya habéis oído acerca de mi conducta en otro tiempo en el judaísmo, que perseguía sobremanera a la iglesia de Dios, y la asolaba;

14 y en el judaísmo aventajaba a muchos de mis contemporáneos en mi nación, siendo mucho más celoso de las tradiciones de mis padres. (Gálatas 1:13-14)

El encuentro de Pablo con Jesús trajo un cambio radical a su perspectiva y encendió en él una justa pasión por el mensaje de Jesús y el Reino:

18 Y al momento le cayeron de los ojos como escamas, y recibió al instante la vista; y levantándose, fue bautizado.
19 Y habiendo tomado alimento, recobró fuerzas. Y estuvo Saulo por algunos días con los discípulos que estaban en Damasco.
20 En seguida predicaba a Cristo en las sinagogas, diciendo que éste era el Hijo de Dios. (Hechos 9:18-20)

Pablo, el perseguidor de la iglesia, se convirtió en un poderoso hombre de Dios. Después de su transformación, se arrepintió tanto de sus viejas costumbres y desarrolló tal amor por compartir la verdad de la Palabra de Dios, que la gente ya no le tenía miedo. En lugar de vivir aterrorizados y escondidos, se reunían en grandes multitudes para escucharlo enseñar. El cambio en Pablo fue tan grande que se convirtió en la autoridad líder en el Evangelio del Reino:

30 Y Pablo permaneció dos años enteros en una casa alquilada, y recibía a todos los que a él venían,
31 predicando el reino de Dios y enseñando acerca del Señor Jesucristo, abiertamente y sin impedimento. (Hechos 28:30-31)

14 Pero estoy seguro de vosotros, hermanos míos, de que vosotros mismos estáis llenos de bondad, llenos de todo conocimiento, de tal manera que podéis amonestaros los unos a los otros.
15 Mas os he escrito, hermanos, en parte con atrevimiento, como para haceros recordar, por la gracia que de Dios me es dada
16 para ser ministro de Jesucristo a los gentiles, ministrando el evangelio de Dios, para que los gentiles le sean ofrenda agradable, santificada por el Espíritu Santo.
17 Tengo, pues, de qué gloriarme en Cristo Jesús en lo que a Dios se refiere.
18 Porque no osaría hablar sino de lo que Cristo ha hecho por medio de mí para la obediencia de los gentiles, con la palabra y con las obras,
19 con potencia de señales y prodigios, en el poder del Espíritu de Dios; de manera que desde Jerusalén, y por los alrededores hasta Ilírico, todo lo he llenado del evangelio de Cristo. (Romanos 15:14-19)

Al igual que Pablo (antes de su transformación), muchas personas son apasionadas y celosas por la religión, pero su pasión es equivocada. Su celo religioso no trae ningún beneficio a las vidas de otros. Sus corazones están ciegos a lo que agrada a Dios: edificar el Reino.

Recuerdo la historia de un hombre que asistió al Centro Diplomático. Antes de unirse a nuestra congregación, él era miembro de una organización religiosa (la cual me abstendré de nombrar). Había llegado a sentirse cada vez más insatisfecho con su desarrollo espiritual. Sentía una sensación de vacío y sabía que había más acerca de Dios y de la vida.

Mientras estaba sentado en una reunión religiosa, el Espíritu del Señor le habló y le dijo que se levantara y se fuera corriendo lo más lejos posible de esa organización. El hombre se fue inmediatamente. Mientras conducía por la ciudad, el Espíritu de Dios lo condujo al Centro Diplomático. Había vivido en la comunidad durante años, pero nunca había notado nuestro edificio, ni asistido a una reunión. Cuando llegó, supo que estaba en el lugar correcto; estábamos enseñando principios del Reino de Dios. ¡Cuando compartió su testimonio con la congregación, todos nos asombramos!

¡Amigo si su alma esta hambrienta por la verdad, Dios mismo lo guiará a ella! Jesús dice, **"Bienaventurados los que tienen hambre y sed de justicia, porque ellos serán saciados."** (Mateo 5:6).

Dios dice, **"y me buscaréis y me hallaréis, porque me buscaréis de todo vuestro corazón"** (Jeremías 29:13). Cuando usted desarrolla una sed y un gusto por la verdad, su espíritu estará tan sensible que reconocerá la verdad tan pronto la escuche. Encontrar la verdad le liberará de la religión y de toda clase de opresión espiritual y emocional. ¡Le animo a que abra hoy su corazón y **aprenda de Jesús**!

REFLEXIÓN DEL REINO

El Reino de Dios no es una religión. Es un Reino con una cultura definida, con liderazgo, y con principios establecidos por Dios. Practicar la religión es el intento del hombre de conectarse con Dios, pero aceptar a Jesucristo como nuestro Salvador es la única forma en la que el hombre puede entrar a una relación con Dios. La religión trata de explicar el significado de la vida, pero es solo a través de la sabiduría del Rey que el hombre puede descubrir su lugar en el Reino de Dios y descubrir la verdad.

ACCIÓN DEL REINO

Algunos Creyentes no han tenido la oportunidad de aprender las verdades del Reino de Dios. Ellos entienden los conceptos de salvación y redención, y conocen las tradiciones y prácticas cristianas, pero no comprenden los principios del Reino. Animo a cualquiera que seriamente quiera aprender del Reino a que lea los sermones, las parábolas y los milagros de Jesús, tal y como se documentan en los libros de Mateo, Marcos, Lucas, Juan y Hechos. A medida que **aprenda de Jesús**, le animo a que analice sus valores, creencias y tradiciones. Esté dispuesto a intercambiar cualquier idea religiosa por la verdad de la Palabra de Dios y Su Reino:

14 Pero persiste tú en lo que has aprendido y te persuadiste, sabiendo de quién has aprendido;
15 y que desde la niñez has sabido las Sagradas Escrituras, las cuales te pueden hacer sabio para la salvación por la fe que es en Cristo Jesús.
16 Toda la Escritura es inspirada por Dios, y útil para enseñar, para redargüir, para corregir, para instruir en justicia,
17 a fin de que el hombre de Dios sea perfecto, enteramente preparado para toda buena obra. (2 Timoteo 3:14-17)

Capítulo 5

APRENDIENDO A ENSEÑAR EL MENSAJE DEL REINO

En Su primer sermón Jesús proclamó, **"Arrepentíos, porque el reino de los cielos se ha acercado" (Mateo 4:17b)**. "Se ha acercado," significaba que el Reino estaba presente y al alcance de todos. **Aprender de Jesús** significa que debemos aprender a presentar el mismo mensaje que Él predicó: el Reino.

En este capítulo, aprenderemos:

- La importancia de enseñar el mensaje del Reino
- Cómo Jesús hizo el mensaje del Reino Su prioridad
- El problema de enfocarse en la denominación y la religión

MI ENCUENTRO CON EL REINO

En 1988, un amigo querido me prestó su copia del libro *El Paraíso Restaurado: Una Teología Bíblica de Dominio*, escrito por David Chilton. Este libro me abrió completamente los ojos al propósito y el poder del Reino. No mucho tiempo después de leer el libro, estaba en mi oficina preparando un sermón. Me detuve por un momento para ver a un ministro predicando en la televisión. Su sermón era tan poderoso que comencé a tomar notas. Él estaba hablando sobre descubrir nuestro propósito y potencial en el Reino de Dios. Nunca había escuchado a nadie enseñar el Reino desde esa perspectiva. Al final de la transmisión, ordené el libro del ministro. Ese maestro era el Dr. Myles Munroe. Dos años después de ver esa transmisión, en el Centro Diplomático tuvimos el privilegio de recibir al Dr. Munroe en una de nuestras conferencias del Reino.

En varias ocasiones, el Dr. Munroe testificó que en sus primeros años en la iglesia, el tema del Reino no se enseñaba ampliamente. Con valentía y humildad, reconoció que después de concluir sus estudios en el seminario, salió al mundo a predicar sin el fundamento del mensaje del Reino. ¡Qué triste y trágica situación! Afortunadamente, vino al conocimiento del Reino e impactó las vidas de millones con el mensaje del Reino, incluidos los feligreses del Centro Diplomático.

Aunque nuestra congregación actual en el Centro Diplomático tiene una base muy sólida en los principios del Reino, presentar el mensaje del Reino en 1988 tuvo sus desafíos. En aquel tiempo, la congregación tenía sus fundamentos en ciertos conceptos bíblicos y doctrinas heredadas del Cristianismo tradicional. Muchas de las personas tenían un sistema de creencias distorsionado por la religiosidad y la tradición. Yo mismo había enseñado muchos temas de la Biblia, pero no había puesto el Reino en el centro de mis mensajes.

Cuando presenté el mensaje del Reino por primera vez, fui muy apasionado en mi enfoque. Desafortunadamente, el Reino era una idea tan magnífica de comprender; que muchas personas se sintieron abrumadas por eso. Decidí ajustar mi enfoque e introducir el tema gradualmente. Por favor note que no dije que *paré* de enseñar sobre el Reino. Simplemente modifiqué mi enfoque. Quería estar seguro de que el mensaje fuera claro y práctico para que la congregación pudiera aplicar las enseñanzas a sus vidas. Con el tiempo, la congregación comenzó a conectarse con las enseñanzas del Reino. Y a pesar del comienzo desafiante, alabo a Dios porque muchos han llegado al conocimiento del Reino y han permitido que su mensaje transforme sus vidas.

Han pasado más de 30 años desde que me di cuenta de que cometí el serio error de no poner el Reino de Dios como el enfoque de nuestro ministerio en el Centro Diplomático. Cambiar el enfoque de nuestro ministerio al Reino fue la mejor decisión que pude haber tomado para mí, para la congregación, para mis ministros asociados y para mi familia.

Tenía que hacer del mensaje del Reino una prioridad para nuestro ministerio porque era el mensaje que Jesús predicó. Yo quería ser obediente a la voluntad del Señor. Como seguidores de Jesucristo, sólo debemos enseñar el mensaje del Reino. No debemos predicar las ideologías de una denominación ni enseñar nuestras tradiciones. ¡Si queremos conducir a las personas al Reino, entonces debemos enseñar el Reino!

¡Siga leyendo, hay más!

RESCATANDO EL MENSAJE DE JESUCRISTO

La prioridad de Jesús era introducir el Reino de Dios a la humanidad. Durante Su primer mensaje, Jesús enseñó que el Reino de Dios estaba presente y disponible para todos: **"Arrepentíos, porque el reino de los cielos se ha acercado"** (Mateo 4:17b).

Jesús presentó el Reino a las personas oprimidas por el dominio espiritual de los líderes religiosos y el gobierno político del Imperio Romano. Jesús sabía que las personas necesitaban emancipación espiritual, empoderamiento en sus vidas, y elevación en su forma de pensar. Necesitaban las buenas nuevas del Reino:

> 35 Recorría Jesús todas las ciudades y aldeas, enseñando en las sinagogas de ellos, y predicando el evangelio del reino, y sanando toda enfermedad y toda dolencia en el pueblo.
> 36 Y al ver las multitudes, tuvo compasión de ellas; porque estaban desamparadas y dispersas como ovejas que no tienen pastor. (Mateo 9:35-36)

Aunque presentar el mensaje del Reino era el principal cometido de Jesús, hoy ese no es el enfoque de algunos ministerios. Algunos enseñan un mensaje de salvación, un mensaje de prosperidad o un mensaje de santidad, pero son negligentes al no compartir la parte más importante del mensaje de Jesús: el Reino de Dios.

¡Es hora de que rescatemos las enseñanzas de Jesús! Todo ministro que se presenta ante la gente tiene la obligación de darles el mensaje del Reino. Hoy, tenemos la oportunidad de **aprender del ejemplo de Jesús** y enseñar el más importante mensaje para Él: El Reino.

EL PROBLEMA CON ENFOCARSE EN DENOMINACIONES

Hay muchas denominaciones Cristianas alrededor del mundo, cada una con distinciones teológicas. Desafortunadamente, estas denominaciones nacieron de cientos de años de debates y desacuerdos. La mayoría de las denominaciones reclaman una creencia en Dios, en Jesús y en el Espíritu Santo, e incluso pueden enseñar *ciertos* conceptos del Reino, pero sus doctrinas carecen del *enfoque* central del mensaje del Reino.

Jesús no presentó una religión o denominación. Predicar el Reino fue Su *misión* y fue Su *comisión* a Sus discípulos:

> 49 Porque yo no he hablado por mi propia cuenta; el Padre que me envió, él me dio mandamiento de lo que he de decir, y de lo que he de hablar.
> 50 Y sé que su mandamiento es vida eterna. Así pues, lo que yo hablo, lo hablo como el Padre me lo ha dicho. (Juan 12:49-50)

Desafortunadamente, los líderes religiosos de la época de Jesús estaban más interesados en defender las tradiciones y las representaciones externas de la religión que en abrir sus corazones al mensaje de Jesús acerca del Reino y compartir esa Palabra con el pueblo de Dios:

> 13 Mas ¡Ay de vosotros, escribas y fariseos, hipócritas! porque cerráis el reino de los cielos delante de los hombres; pues ni entráis vosotros, ni dejáis entrar a los que están entrando.
> 27 ¡Ay de vosotros, escribas y fariseos, hipócritas! porque sois semejantes a sepulcros blanqueados, que por fuera, a la verdad, se muestran hermosos, mas por dentro están llenos de huesos de muertos y de toda inmundicia.
> 28 Así también vosotros por fuera, a la verdad, os mostráis justos a los hombres, pero por dentro estáis llenos de hipocresía e iniquidad. (Mateo 23:13,27-28)

Así como los fariseos recibieron una advertencia sobre el peligro de promover las prácticas religiosas, los Creyentes contemporáneos deben tener cuidado de no promover la religión o la denominación porque hacerlo sería una grave desviación del mensaje que Jesús nos ordenó que enseñáramos.

Algunas denominaciones predican a Jesús como su mensaje central; esto también es incorrecto. Enfatizan y enseñan más sobre el *Jesús Judío* que sobre el *Cristo Eterno*, que aún está vivo, presente y reinando en el siglo XXI. Jesús fue el cuerpo en el cual Cristo vino y vivió en la Tierra. Cuando Jesús puso Su vida como sacrificio por la humanidad, Él terminó el trabajo que Dios le asignó. El Espíritu del Cristo Eterno *lleva a cabo* la obra de Jesús a través de la Iglesia—Su nuevo cuerpo que consiste de todos los Creyentes. La "Iglesia" es una Embajada del Reino de Dios, no una organización religiosa hecha por el hombre. Es a través de la Iglesia que Cristo continúa llevando el mensaje del Reino de Dios al mundo entero:

16 De manera que nosotros de aquí en adelante a nadie conocemos según la carne; y aun si a Cristo conocimos según la carne, ya no lo conocemos así. (2 Corintios 5:16)

11 Y él mismo constituyó a unos, Apóstoles; a otros, profetas; a otros, evangelistas; a otros, pastores y maestros,
12 a fin de perfeccionar a los santos para la obra del ministerio, para la edificación del cuerpo de Cristo,
13 hasta que todos lleguemos a la unidad de la fe y del conocimiento del Hijo de Dios, a un varón perfecto, a la medida de la estatura de la plenitud de Cristo. (Efesios 4:11-13)

Enseñar sobre el personaje y las cualidades de Jesús es maravilloso. Es hermoso querer honrar al Señor Jesús de esta manera. Sin embargo, si descuidamos compartir el mensaje que Él ordenó que enseñáramos, entonces no estamos siguiendo sus instrucciones.

Antes de Su crucifixión, Jesús les encargó a Sus doce discípulos que hicieran del mensaje del Reino una prioridad:

1 Entonces llamando a sus doce discípulos, les dio autoridad sobre los espíritus inmundos, para que los echasen fuera, y para sanar toda enfermedad y toda dolencia.
2 Los nombres de los doce Apóstoles son estos: primero Simón, llamado Pedro, y Andrés su hermano; Jacobo hijo de Zebedeo, y Juan su hermano;
3 Felipe, Bartolomé, Tomás, Mateo el publicano, Jacobo hijo de Alfeo, Lebeo, por sobrenombre Tadeo,
4 Simón el cananista, y Judas Iscariote, el que también le entregó.
5 A estos doce envió Jesús, y les dio instrucciones, diciendo: Por camino de gentiles no vayáis, y en ciudad de samaritanos no entréis,
6 sino id antes a las ovejas perdidas de la casa de Israel.
7 Y yendo, predicad, diciendo: El reino de los cielos se ha acercado. (Mateo 10:1-7)

Después de Su resurrección, las instrucciones de Jesús a Sus discípulos fueron las mismas. Durante los cuarenta días antes de Su ascensión al cielo, Jesús se reunió con Sus discípulos para prepararlos a que continuaran

Su obra. ¿Qué fue lo que compartió con ellos? Su tema central fue el Reino de Dios:

> *19 Por tanto, id, y haced discípulos a todas las naciones, bautizándolos en el nombre del Padre, y del Hijo, y del Espíritu Santo;*
> *20 enseñándoles que guarden todas las cosas que os he mandado; y he aquí yo estoy con vosotros todos los días, hasta el fin del mundo. (Mateo 28:19-20)*

La misma comisión que Jesús dio a Sus discípulos es válida para nosotros hoy. Si no compartimos el mensaje de Jesús, entonces no estamos compartiendo Su verdadera filosofía. Aún si incluimos a Jesús en nuestras perspectivas teológicas, si nuestro enfoque primario no es el Reino, entonces estamos equivocados.

Entiendo que asignarle a una iglesia una denominación particular puede ser necesaria para fines legales, pero me duele ver cuánto tiempo desperdiciamos presentando mensajes "doctrinales" que resaltan la denominación en lugar del Reino. Cuando enfatizamos la denominación, significa que hemos perdido el enfoque en el mensaje que Jesús nos confió: que ahora tenemos el poder del Cielo, que hemos recuperado nuestro dominio en la Tierra, y que una vez más nos hemos convertido en conquistadores en el Reino de Dios. ¡El plan más seguro para cualquier ministerio es **aprender de Jesús** y enseñar el mensaje de Su Reino!

LAS JAULAS DE LA DENOMINACIÓN Y LA RELIGIÓN

Si continuamos enfocándonos en la denominación, descuidaremos nuestra obligación de compartir el poder holístico del Reino. Usar una denominación como un punto para persuadir a la gente a "unirse" a una iglesia o grupo es como tratar de encerrarlos en una jaula espiritual. El Señor me lo reveló una tarde mientras preparaba un sermón. En la propiedad de la casa, tengo varios árboles frutales donde a las aves les encanta juntarse. Mientras estudiaba, los pájaros estaban haciendo tanto ruido que no podía concentrarme. Salí a tirar algunas piedras al árbol para que los pájaros volaran, pero antes de que pudiera lanzar las piedras, el Señor me ordenó que me detuviera. Él me dijo que los pájaros estaban al aire libre y en su dominio. Debido a que los pájaros estaban en su lugar apropiado, se encontraban bajo Su cuidado:

25 Por tanto os digo: No os afanéis por vuestra vida, qué habéis de comer o qué habéis de beber; ni por vuestro cuerpo, qué habéis de vestir. ¿No es la vida más que el alimento, y el cuerpo más que el vestido?
26 Mirad las aves del cielo, que no siembran, ni siegan, ni recogen en graneros; y vuestro Padre celestial las alimenta. ¿No valéis vosotros mucho más que ellas? (Mateo 6:25-26)

Mientras meditaba sobre lo que el Señor me había revelado sobre los pájaros en los árboles, pensé en lo que le sucede a un pájaro que ha sido capturado en la naturaleza. Cuando un pájaro está en su hábitat natural ("reino"), Dios es responsable de su bienestar. Una vez que ese pájaro ha sido capturado, enjaulado y retirado de su lugar legítimo, la responsabilidad de la supervivencia de ese pájaro recae sobre la persona que lo ha capturado. Dios ya no es el responsable de cuidarlo.

Se me ocurrió que la jaula de pájaros simboliza lo que hacen los ministerios cuando persuaden a la gente a unirse a una congregación basada en un mensaje denominacional o religioso en lugar del mensaje del Reino. Es como si dijeran: "Venga a nuestro grupo religioso (Jaula). Le alimentaremos con…" (Complete la frase con cualquiera de los mensajes a continuación):

- El Mensaje de Prosperidad
- El Mensaje de Fe
- El Mensaje de Sanidad
- El Mensaje de Liberación
- El Mensaje del Bautismo Correcto
- El Mensaje de la Sana Doctrina
- El Mensaje de Nuestra Religión
- El Mensaje de Nuestra Denominación
- El Mensaje del Entretenimiento (En vez de Entrenamiento)

Cuando un ministerio trata de hacer proselitismo o "enjaular" a las personas dentro de un grupo religioso o denominación, Dios ya no tiene la obligación de añadir todas las cosas a sus vidas; esa religión o denominación asume esa responsabilidad:

31 No os afanéis, pues, diciendo: ¿Qué comeremos, o qué beberemos, o qué vestiremos?
32 Porque los gentiles buscan todas estas cosas; pero vuestro Padre celestial sabe que tenéis necesidad de todas estas cosas.

33 Mas buscad primeramente el reino de Dios y su justicia, y todas estas cosas os serán añadidas. (Mateo 6:31-33)

Dios, por Su gracia y amor, suple para todas las necesidades de Sus hijos, pero Él solamente es *responsable* de "añadir todas las cosas" a aquellos que primeramente buscan Su Reino. Su Reino asegura la prosperidad integral de sus Ciudadanos—proveyendo justicia, gozo, paz, salud y supliendo para nuestras necesidades prácticas.

Los líderes religiosos del tiempo de Jesús intentaron "enjaularlo" de la misma manera que algunas de nuestras denominaciones actuales intentan "enjaular" a los Creyentes y a aquellos que buscan a Dios. Querían limitar el ministerio de Jesús a sus restricciones religiosas. Cuando sanaba a alguien en el día de reposo, los líderes lo interrogaban sobre la "legalidad" de Sus acciones. En los días en que perdonaba a las personas por sus transgresiones, los líderes religiosos querían que usara un juicio severo y una aplicación despiadada de la Ley:

9 Pasando de allí, vino a la sinagoga de ellos.
10 Y he aquí había allí uno que tenía seca una mano; y preguntaron a Jesús, para poder acusarle: ¿Es lícito sanar en el día de reposo?
11 Él les dijo: ¿Qué hombre habrá de vosotros, que tenga una oveja, y si ésta cayere en un hoyo en día de reposo, no le eche mano, y la levante?
12 Pues ¿cuánto más vale un hombre que una oveja? Por consiguiente, es lícito hacer el bien en los días de reposo.
13 Entonces dijo a aquel hombre: Extiende tu mano. Y él la extendió, y le fue restaurada sana como la otra.
14 Y salidos los fariseos, tuvieron consejo contra Jesús para destruirle. (Mateo 12:9-14)

21 Entonces los escribas y los fariseos comenzaron a cavilar, diciendo: ¿Quién es éste que habla blasfemias? ¿Quién puede perdonar pecados sino sólo Dios?
22 Jesús entonces, conociendo los pensamientos de ellos, respondiendo les dijo: ¿Qué caviláis en vuestros corazones?
23 ¿Qué es más fácil, decir: Tus pecados te son perdonados, o decir: Levántate y anda? (Lucas 5:21-23)

A pesar de la oposición y la presión de los líderes religiosos, Jesús nunca se desvió de Su mensaje.

Jesús no habló sobre la doctrina Pentecostal, Mariana, Apostólica o Bautista. El Reino era Su enfoque principal. Deberíamos ser como Jesús. En lugar de invitar a la gente a unirse a una denominación, debemos invitarlos a venir y aprender del Reino: el lugar donde pueden encontrar descanso para sus almas y donde "**(todas estas cosas les serán añadidas a cada Creyente)**" (**Mateo 6:33**).

El Señor se aseguró de que los Apóstoles dejaran registradas Sus instrucciones en la Biblia para que las generaciones futuras las siguieran: enseñar el Reino de Dios a las naciones. Cristo envió el don del Espíritu Santo para asegurarse que Sus discípulos tuvieran la audacia y el poder para compartir Su mensaje:

1 En el primer tratado, oh Teófilo, hablé acerca de todas las cosas que Jesús comenzó a hacer y a enseñar,
2 hasta el día en que fue recibido arriba, después de haber dado mandamientos por el Espíritu Santo a los Apóstoles que había escogido;
3 a quienes también, después de haber padecido, se presentó vivo con muchas pruebas indubitables, apareciéndoseles durante cuarenta días y hablándoles acerca del reino de Dios.

8 pero recibiréis poder, cuando haya venido sobre vosotros el Espíritu Santo, y me seréis testigos en Jerusalén, en toda Judea, en Samaria, y hasta lo último de la tierra. (Hechos 1:1-3, 8)

Al igual que los Apóstoles, todos los Creyentes tienen el apoyo del Espíritu Santo, que habita en ellos. Cada uno de nosotros tiene el poder y el mandato de Dios para compartir el mensaje del Reino con el mundo. No debemos permitir que asuntos menores como la denominación o el credo religioso nos separen. No debemos *competir* entre nosotros; debemos *completar* el trabajo de la Gran Comisión. ¡Nuestro enfoque debe ser solamente enseñar el mensaje del Reino!

REFLEXIÓN DEL REINO

Jesús no vino a predicar denominaciones o religiones. Él vino a enseñar el mensaje del Reino de Dios. Debemos priorizar el mensaje del Reino sobre las agendas denominacionales y las opiniones individuales. Cuando enfocamos nuestro mensaje en la denominación, nos engañamos a nosotros mismos y a los demás, para no experimentar el mensaje del Reino que el Hijo de Dios vino a impartir a la humanidad. Pero cuando rescatemos el mensaje del Reino de todo tradicionalismo, estaremos actuando en obediencia a la comisión que Jesús dio a los discípulos y a todos los que lo seguirían.

DESAFÍO DEL REINO

Si usted es **Pastor, Líder o un mero Creyente** que desea compartir su fe, espero que este capítulo lo haya inspirado a enseñar y anunciar las buenas nuevas del Reino de Dios. Si no está familiarizado con las enseñanzas del Reino, pídale al Señor que guíe sus estudios y le dé una revelación del Reino para que sus palabras y su vida sean un reflejo de la autenticidad y el poder del Reino

El Apóstol Pedro ofrece el siguiente consejo en cuanto a compartir nuestra fe:

> *Sino santificad a Dios el Señor en vuestros corazones, y estad siempre preparados para presentar defensa con mansedumbre y reverencia ante todo el que os demande razón de la esperanza que hay en vosotros. (I Pedro 3:15)*

Los Creyentes siempre deben estar preparados para hablar del Reino con humildad y amor. Pídale al Señor que le dé el denuedo, la sabiduría, las palabras y la amabilidad para compartir Su mensaje. Su testimonio de haber encontrado el Reino alentará a otros a buscar su verdad, su poder y sus privilegios.

FOTOS... ILUSTRACIONES VISUALES DE LA ENSEÑANZA DE JESÚS SOBRE EL REINO

Notas acerca de las Jaulas de Religión, Denominación, y Gobierno

25 Por tanto os digo: No os afanéis por vuestra vida, qué habéis de comer o qué habéis de beber; ni por vuestro cuerpo, qué habéis de vestir. ¿No es la vida más que el alimento, y el cuerpo más que el vestido?
26 Mirad las aves del cielo, que no siembran, ni siegan, ni recogen en graneros; y vuestro Padre celestial las alimenta. ¿No valéis vosotros mucho más que ellas? (Mateo 6:25-26)

33 Mas buscad primeramente el reino de Dios y su justicia, y todas estas cosas os serán añadidas. (Mateo 6:33)

Las imágenes de arriba ilustran el mensaje que Jesús predicó en **Mateo 6:25-26**. Dios fielmente tiene cuidado de Su creación, ya sean los lirios del campo o las aves del cielo. Dios los alimenta, los cuida y se asegura de que se desarrollen bien en su hábitat natural.

Dios creó las aves para que fueran libres, volaran, existieran y encontraran su alimento sin preocupaciones. Pero como usted puede ver en las imágenes a continuación, cuando los hombres capturan y encierran a los pájaros en jaulas, esas personas heredan la responsabilidad de alimentarlos y cuidarlos.

Al igual que a las aves del cielo, Dios prometió a Su pueblo que si buscaban primero Su Reino, Él se haría cargo de todas sus necesidades y se aseguraría de que nada les faltara en sus vidas.

Sin embargo, cuando una persona se une a una organización religiosa, y esa religión manipula y "enjaula" a hombres y mujeres con reglas, regulaciones e ideas, que impiden que esas personas experimenten el cuidado, la seguridad y los beneficios del Reino de Dios. Los hombres y las mujeres quedan sujetos al "cuidado" y control de esa religión, al igual que las aves capturadas se convierten en responsabilidad de sus captores. En lugar de enseñar a las personas cómo orar, cómo acceder al poder del Reino y cómo ejercer dominio sobre sus circunstancias, los líderes religiosos animan a las personas a depender de ellos para la oración. Y en lugar de enseñar a las personas a buscar la dirección de Dios para descubrir el verdadero propósito de sus dones, los líderes religiosos agobian a sus feligreses con actividades y programas que llevan a las personas a experimentar frustración, potencial insatisfecho, agotamiento y resentimiento.

El mismo tipo de "enjaulamiento" también ocurre en ciertos gobiernos. Hay muchas naciones en todo el mundo que imponen leyes opresivas e inhumanas para controlar a sus ciudadanos. ¡Eso no debería ser así!

Si bien un gobierno debe tener el derecho de responsabilizar a las personas por conducta inapropiada o por violar las leyes de la nación y los derechos de otros ciudadanos, un gobierno no debe controlar el derecho otorgado por Dios a una persona de vivir una vida de calidad.

Un gobierno solamente debe controlar el descubrimiento y la administración de los recursos naturales de la tierra (como minerales, oro, plata o petróleo) y usar esos recursos para crear oportunidades económicas que permitan a los ciudadanos vivir vidas libres, productivas y prósperas.

Dios nunca tuvo la intención de que la humanidad fuera enjaulada, controlada o manipulada por ningún sistema, ya fuera religioso o gubernamental.

Su plan original era que todas las personas tuvieran la libertad de soñar y tener una visión para sus vidas, de servirlo con sus dones, de maximizar su potencial, de vivir libres de limitaciones, de ser una bendición para los demás, y de hacer una diferencia positiva en el mundo.

Dios tenía la intención de que experimentáramos una vida de abundancia, poder y felicidad. Nuestras vidas deben ser tan libres y seguras como las aves en el aire: libres de preocupaciones, libres para volar, y libres para disfrutar de las cosas buenas que nuestro Creador provee.

¡Sea libre para vivir, pensar, soñar y tener éxito!

No hay límites para lo que usted puede lograr. ¡Usted puede ir tan lejos como sus ojos alcancen a ver, y aún más allá!

¡Siga Adelante y Disfrute los Gloriosos
Beneficios del Reino de Dios!

Capítulo 6
APRENDIENDO A CONFIAR EN DIOS PARA NUESTRO BIENESTAR

Aprender de Jesús puede darnos la seguridad de que a Dios le importa nuestro bienestar físico, emocional y espiritual. Cuando le confiamos nuestras vidas al Señor, podemos tener fe en que Él proveerá para nuestras necesidades diarias, que Él nos fortalecerá y preservará en tiempos de crisis, y que Él nos dará paz y sabiduría para triunfar sobre las tormentas de la vida.

En este capítulo, aprenderemos:

- Cómo confiar en que Dios suplirá para nuestras necesidades.
- Cómo confiar en Dios para que apoye nuestro bienestar físico, emocional y espiritual
- Cómo confiar en Dios para que nos sostenga en los tiempos difíciles

LA PROVISIÓN DEL REINO

Cuando nació mi hijo, quería ser un buen padre y cuidar de él lo mejor que pudiera. Creo que mi deseo de cuidar a mi hijo refleja el mismo amor que Dios tiene por Sus hijos. Él quiere lo mejor para nosotros. Él sabe lo que necesitamos y se asegura de que tengamos los recursos para satisfacer esas necesidades.

Una de las lecciones que Jesús enseñó en el "Sermón del Monte" animaba a las personas a *confiar* en Dios para satisfacer sus necesidades en lugar de *preocuparse* por ellas:

25 Por tanto os digo: No os afanéis por vuestra vida, qué habéis de comer o qué habéis de beber; ni por vuestro cuerpo, qué habéis de vestir. ¿No es la vida más que el alimento, y el cuerpo más que el vestido?

26 Mirad las aves del cielo, que no siembran, ni siegan, ni recogen en graneros; y vuestro Padre celestial las alimenta. ¿No valéis vosotros mucho más que ellas?

27 ¿Y quién de vosotros podrá, por mucho que se afane, añadir a su estatura un codo?

31 No os afanéis, pues, diciendo: ¿Qué comeremos, o qué beberemos, o qué vestiremos?

32 Porque los gentiles buscan todas estas cosas; pero vuestro Padre celestial sabe que tenéis necesidad de todas estas cosas.

33 Mas buscad primeramente el reino de Dios y su justicia, y todas estas cosas os serán añadidas. (Mateo 6:25-27, 31-33)

Encontrar apoyo para nuestras necesidades es una de las promesas que heredamos en el Reino de Dios. El Dr. Myles Munroe enseñó que una de las características clave de un reino es que éste funciona como un Estado y sostiene a sus Ciudadanos. En su libro *Redescubriendo el Reino*, él escribió lo siguiente:

Un Estado es un sistema económico que garantiza a cada ciudadano igualdad de acceso a la seguridad financiera. En un reino, se utiliza el término mancomunidad porque el deseo del rey es que todos sus ciudadanos compartan y se beneficien de la riqueza del reino. La gloria del reino está en la felicidad y la salud de sus ciudadanos.[1]

Si un rey terrenal puede diseñar un sistema que atiende las necesidades de su gente, entonces, ¿cuánto más puede proporcionar el **Rey de Reyes y Su Reino** para Sus Ciudadanos?

Mientras ministraba en la Tierra, Jesús siempre demostró confianza en Dios como Su proveedor. Hay varios relatos en la Biblia en dónde Dios proveyó para Jesús y Sus discípulos lo que ellos necesitaban para sobrevivir y para ministrar a otros:

24 Cuando llegaron a Capernaum, vinieron a Pedro los que cobraban las dos dracmas, y le dijeron: ¿Vuestro Maestro no paga las dos dracmas?

25 El dijo: Sí. Y al entrar él en casa, Jesús le habló primero, diciendo: ¿Qué te parece, Simón? Los reyes de la tierra, ¿de quiénes cobran los tributos o los impuestos? ¿De sus hijos, o de los extraños?

26 Pedro le respondió: De los extraños. Jesús le dijo: Luego los hijos están exentos.

27 Sin embargo, para no ofenderles, ve al mar, y echa el anzuelo, y el primer pez que saques, tómalo, y al abrirle la boca, hallarás un estatero; tómalo, y dáselo por mí y por ti. (Mateo 17:24-27)

Jesús nunca se mostró ansioso por ninguna de Sus necesidades. Él sabía que si estaba haciendo la voluntad de Dios, Su Padre le proporcionaría el acceso a las provisiones del Cielo. El ejemplo de Jesús debería darnos una gran paz. Cuando nos sintamos abrumados por las presiones de la vida, debemos tener confianza de que Dios conoce nuestras necesidades y de que nos proporcionará los medios para satisfacer esas necesidades:

19 Mi Dios, pues, suplirá todo lo que os falta conforme a sus riquezas en gloria en Cristo Jesús. (Filipenses 4:19)

Jesús nos enseña a pedirle a Dios todo lo que necesitamos, y creemos que Él ya ha respondido a nuestras oraciones:

22 Y todo lo que pidiereis en oración, creyendo, lo recibiréis. (Mateo 21:22)

Podemos recibir la respuesta a nuestras oraciones a través de la generosidad de otros, o Dios nos dará instrucciones sobre cómo obtener lo que necesitamos:

17 Así también la fe, si no tiene obras, es muerta en sí misma. (Santiago 2:17)

Debemos aprender de Jesús y saber que Dios siempre tendrá cuidado de Sus hijos.

PROPORCIONANDO PAZ

En el Reino, encontramos provisiones para nuestras necesidades diarias así como las bendiciones intangibles que aseguran el bienestar de nuestras almas: gozo, paz, estabilidad emocional y claridad mental. El Apóstol Pablo confirma esto en el **libro a los Romanos** cuando afirma, **"porque el reino de Dios no es comida ni bebida, sino justicia, paz y gozo en el Espíritu Santo."** (Romanos 14:17)

Hace unos años, recibí una llamada telefónica muy inquietante. Estaba tan afligido por las noticias que recibí, que desarrollé espasmos musculares, me dolía la espalda y sentía un nudo en el cuello. Mi paz desapareció y mi alma perdió su descanso. Me encontraba en un dolor intenso y no podía pensar con claridad. Pude sentir que entraba en un estado de extrema ansiedad. Sabía que no podía resolver el problema en ese estado, así que me fui a casa por un día para tranquilizar mis nervios y calmar mi alma. ¡Eventualmente, el Espíritu de Dios me reveló la solución! Recuperé la paz y mi cuerpo comenzó a funcionar normalmente.

El pánico, la ansiedad y la preocupación nunca nos ayudarán a resolver nuestros problemas. Solo disminuyen nuestra confianza en el Señor e interrumpen nuestra paz. Sin embargo, cuando elegimos conservar nuestra paz y buscar al Señor para que nos dé sabiduría, podemos obtener información sobre cómo manejar situaciones desafiantes, y podemos preservar nuestra salud. Nos salvamos del daño que el estrés y la preocupación pueden tener en nuestro cuerpo y nuestra mente.

El Señor nunca tuvo la intención de que nos sintiéramos abrumados o perturbados por nuestros problemas. Nuestra paz es Su prioridad. Jesús dijo que si **aprendemos de Él**, encontraremos descanso para nuestras almas:

> 4 Regocijaos en el Señor siempre. Otra vez digo: ¡Regocijaos!
> 5 Vuestra gentileza sea conocida de todos los hombres. El Señor está cerca. 6 Por nada estéis afanosos, sino sean conocidas vuestras peticiones delante de Dios en toda oración y ruego, con acción de gracias.
> 7 Y la paz de Dios, que sobrepasa todo entendimiento, guardará vuestros corazones y vuestros pensamientos en Cristo Jesús. (Filipenses 4:4-7)

LA IMPORTANCIA DEL DESCANSO FÍSICO

Dios tiene cuidado de nuestro bienestar mental, así como también de la salud de nuestros cuerpos, especialmente en lo que respecta a que obtengamos la cantidad adecuada de descanso físico.

¿Alguna vez ha estado tan cansado que incluso cuando trató de dormir, no pudo? Ese nivel de fatiga y agotamiento por lo general resulta de estar abrumado física o emocionalmente. A veces los Creyentes se esfuerzan demasiado y no se toman el tiempo para recargar energías. Esa no es la manera correcta de vivir.

En el **Libro de Génesis**, vemos que incluso el Creador del universo descansó de Su labor:

2 Y acabó Dios en el día séptimo la obra que hizo; y reposó el día séptimo de toda la obra que hizo.
3 Y bendijo Dios al día séptimo, y lo santificó, porque en él reposó de toda la obra que había hecho en la creación. (Génesis 2:2-3)

Yo enfatizo la importancia del descanso porque Jesús lo enfatizó. En **Marcos 6:31**, Jesús animó a sus discípulos a que descansaran. Reconoció que habían estado trabajando arduamente para servir a la gente. Naturalmente, estaban cansados, por lo que los invitó a recuperar sus fuerzas en un lugar tranquilo y pacífico:

31 Él les dijo: Venid vosotros aparte a un lugar desierto, y descansad un poco. Porque eran muchos los que iban y venían, de manera que ni aun tenían tiempo para comer. (Marcos 6:31)

Aunque el descanso físico es esencial para nuestra salud, algunas personas se sobrecargan de trabajo. Lo que ellos demandan de sus cuerpos excede los límites apropiados. Se sienten culpables por tomarse el tiempo para descansar e ignoran las señales de advertencia de que sus cuerpos están fatigados.

Hay muchas razones por las que las personas no tienen el equilibrio adecuado entre el trabajo y el descanso, pero a continuación hay varias de ellas que creo que son las más comunes:

1. Están exhaustos porque tratan de tranquilizar su conciencia o cumplir una obligación con Dios involucrándose en demasiadas actividades y servicios en la iglesia. Ellos creen que el esfuerzo excesivo por el bien de la iglesia es un signo de espiritualidad y rectitud. Ellos *piensan* que su ajetreo agrada al Señor, pero en realidad, solo están abrumando el templo de Dios (sus cuerpos). No se dan cuenta de que hay una diferencia entre trabajar arduamente y empujar el cuerpo más allá de lo razonable.

2. Están fatigados porque se preocupan de actividades que no tienen relación con sus dones y que no tienen *relevancia para el Reino*. Cuando las personas intentan funcionar en una capacidad que no se ajusta al plan y diseño de Dios para ellas, eso puede causar fatiga y agotamiento porque es un mal uso de su energía y talentos.

3. No descansan lo suficiente porque temn que nadie más puede realizar un trabajo o una tarea según sus estándares. Así que, se niegan a pedir ayuda.

4. Pasan más tiempo haciendo *el trabajo del Señor* en lugar de pasar tiempo con el *Señor del trabajo*. Algunos ministros y líderes se centran tanto en la planificación de programas y conferencias que ponen en peligro su salud, e incluso a sus familias. Se olvidan de pasar tiempo estudiando la Palabra y teniendo comunión con el Espíritu Santo, quién podría ayudarlos a ajustar su enfoque y darles sabiduría sobre cómo desempeñar el trabajo del Reino de manera eficaz y eficiente.

5. No saben cómo administrar su tiempo y recursos adecuadamente para que puedan estar menos cansados, y ser más productivos.

Cualquiera que sea la causa, la falta de descanso puede ser tan perjudicial para nuestros cuerpos como la falta de alimento y agua. Dios diseñó el cuerpo humano para reponerse y renovarse durante las horas que dormimos. ¡Claramente, el descanso es esencial!

Alguien dijo una vez que hay momentos en la vida de un discípulo cuando lo más espiritual que puede hacer es descansar. Cuando nos desgastamos, dejamos de ser efectivos. Por causa de la fatiga nos irritamos, tomamos malas decisiones e incluso tratamos a los demás de manera inaceptable.

No solo debemos ser conscientes de nuestra necesidad de descansar, sino que también debemos alentar a nuestros seres queridos a que hagan tiempo para descansar. Si sabemos que alguien está agotado y con exceso de trabajo, entonces debemos decirle: *"Has trabajado duro; necesitas parar y descansar."*

El mayor secreto para lograr la eficiencia en nuestras vidas es tener a Jesús como nuestro socio. Cuando consultamos al Señor sobre el manejo de nuestras responsabilidades, nuestras vidas llegan a tener mejor organización y mayor productividad, y nuestros asuntos personales encuentran el orden.

DESCANSO DEL CANSANCIO EMOCIONAL

El cansancio emocional es un fenómeno muy real. He notado lo que creo son algunas de las causas del cansancio emocional:

1. Las Circunstancias Desafiantes — Algunas personas están exhaustas debido a las pruebas de la vida. Han experimentado circunstancias extremadamente difíciles y han perdido su sentido de esperanza y gozo. Otros no tienen paz interior porque están cansados de luchar contra desafíos personales. Algunas personas están tan emocionalmente abrumadas que han considerado quitarse la vida. Simplemente no tienen las fuerzas para soportar la carga de sus problemas. Cualquiera sea la causa, el cansancio emocional puede evitar que la gente experimente la vida de descanso que Dios promete a quienes lo siguen:

> *28 Venid a mí todos los que estáis trabajados y cargados, y yo os haré descansar.*
> *29 Llevad mi yugo sobre vosotros, y aprended de mí, que soy manso y humilde de corazón; y hallaréis descanso para vuestras almas;*
> *30 porque mi yugo es fácil, y ligera mi carga." (Mateo 11:28-30)*

2. La Religión - Algunos Creyentes están cansados porque no han accedido a la sabiduría y la paz del Reino. Solo han tratado de manejar sus problemas confiando en las ideas ineficaces de los sistemas religiosos. La frase "ideas ineficaces" se refiere a cualquier concepto religioso que no concuerde con lo que Jesús enseñó. Las enseñanzas religiosas socavan la capacidad de las personas de adoptar los principios del Reino, y les impiden experimentar la vida abundante y de alta calidad que Dios promete a los Creyentes:

> *10 El ladrón no viene sino para hurtar y matar y destruir; yo he venido para que tengan vida, y para que la tengan en abundancia. (Juan 10:10)*

¿A quién se refiere Juan como el ladrón? Si leemos unos cuantos versos antes, Jesús explica en el versículo 8 que el ladrón simboliza los sistemas religiosos opresivos que vinieron antes que Él. Si no tenemos cuidado, las tradiciones y prácticas religiosas pueden privarnos de la paz que el Reino nos brinda:

> *8 Todos los que antes de mí vinieron, ladrones son y salteadores; pero no los oyeron las ovejas.*
> *9 Yo soy la puerta; el que por mí entrare, será salvo; y entrará, y saldrá, y hallará pastos. (Juan 10:8-9)*

> *13 Mas ¡ay de vosotros, escribas y fariseos, hipócritas! porque cerráis el reino de los cielos delante de los hombres; pues ni entráis vosotros, ni dejáis entrar a los que están entrando.*

15 ¡Ay de vosotros, escribas y fariseos, hipócritas! porque recorréis mar y tierra para hacer un prosélito, y una vez hecho, le hacéis dos veces más hijo del infierno que vosotros. (Mateo 23:13, 15)

3. La Autosuficiencia — Algunas personas están cansadas porque son demasiado orgullosas para admitir (incluso ante Dios) que necesitan ayuda con sus problemas. No se dan cuenta de que Dios nunca tuvo la intención de que enfrentáramos nuestras pruebas o lleváramos nuestras cargas con nuestra fortaleza humana. Dios quiere que tomemos el control de las situaciones confiando en *Su* poder y sabiduría que residen dentro de nosotros:

1 Dios es nuestro amparo y fortaleza, Nuestro pronto auxilio en las tribulaciones. (Salmos 46:1)

6 Humillaos, pues, bajo la poderosa mano de Dios, para que él os exalte cuando fuere tiempo;
7 echando toda vuestra ansiedad sobre él, porque él tiene cuidado de vosotros. (1 Pedro 5:6-7)

El Espíritu Santo mora dentro de cada Creyente y está disponible para aconsejarnos sobre cómo manejar nuestras circunstancias:

13 Pero cuando venga el Espíritu de verdad, él os guiará a toda la verdad; porque no hablará por su propia cuenta, sino que hablará todo lo que oyere, y os hará saber las cosas que habrán de venir. (Juan 16:13)

4. La Depresión — Algunas personas tienen cansancio emocional producto de la depresión. La raíz de su depresión podría ser una enfermedad física, un desequilibrio hormonal, el duelo (debido a la pérdida de un ser querido), la pérdida de empleo, las dificultades financieras u otras razones. La depresión es un asunto muy serio. Si cree que está sufriendo depresión, no tema ni se avergüence de buscar ayuda profesional. A medida que busca un camino hacia el bienestar, le insto a que se acerque a los Creyentes que pueden apoyarle, y que caminarán con usted a través de este valle en su vida para que pueda experimentar el gozo una vez más.

Mi esposa y yo somos propietarios y operamos el Centro Nutricional KNC en El Monte, California. El Centro ofrece educación, servicios y apoyo para la salud de todos los componentes del sistema humano: cuerpo, mente y alma. A través de mi trabajo en el KNC, he llegado a comprender cuán importante es que las personas cuiden su salud física, emocional y espiritual. Dios diseñó estas tres partes del ser humano para que funcionaran en armonía. Pero si una persona está sufriendo en una de las tres áreas, eso puede afectar negativamente las demás áreas y sacar de balance su bienestar total.

Cuando las personas se sienten abrumadas por sus circunstancias y buscan ayuda, necesitan escuchar la voz de Jesucristo llegando a ellos por medio de la Iglesia: "*¿Estás enojado? ¿Te sientes agobiado? ¿Tienes miedo? ¿Quieres renunciar a la vida? Ven a tu Creador.*" El Señor está llamando a todos los que están cansados a venir a Él. No importa el problema o la causa del cansancio, Jesús dice, **"Venid a mí todos los que estáis trabajados."** (**Mateo 11:28a**). ¡Qué milagrosa invitación!

UNA AYUDA PRESENTE EN TIEMPO DE PROBLEMAS

En más de una ocasión, Jesús acudió para ayudar a Sus discípulos a superar las circunstancias difíciles. Podemos consultar esos relatos para obtener una revelación de cómo Jesús desea que los Creyentes respondan a las dificultades de la vida.

Examinemos **Mateo 14:22-29b**:

> *22 En seguida Jesús hizo a sus discípulos entrar en la barca e ir delante de él a la otra ribera, entre tanto que él despedía a la multitud.*
> *23 Despedida la multitud, subió al monte a orar aparte; y cuando llegó la noche, estaba allí solo.*
> *24 Y ya la barca estaba en medio del mar, azotada por las olas; porque el viento era contrario.*
> *25 Mas a la cuarta vigilia de la noche, Jesús vino a ellos andando sobre el mar.*
> *26 Y los discípulos, viéndole andar sobre el mar, se turbaron, diciendo: ¡Un fantasma! Y dieron voces de miedo.*
> *27 Pero en seguida Jesús les habló, diciendo: ¡Tened ánimo; yo soy, no temáis!*
> *28 Entonces le respondió Pedro, y dijo: Señor, si eres tú, manda que yo vaya a ti sobre las aguas.*
> *29 Y él dijo: Ven. Y descendiendo Pedro de la barca, andaba sobre las aguas para ir a Jesús.*

Durante Su tiempo de oración, Jesús se dio cuenta de que algo en el mundo natural necesitaba Su atención. La estrecha intimidad que compartía con Dios le permitió discernir que había problemas. Los discípulos estaban en medio de una fuerte tormenta. Estaban en estado de pánico y tenían miedo de perecer. Fue en ese momento que Jesús caminó sobre las aguas hacia el barco y dijo a Pedro: "*Ven*". Pedro obedeció la orden de Jesús. Al hacerlo, Pedro hizo algo más que caminar sobre el agua, caminó sobre la PALABRA DE JESÚS: "*Ven*".

El mandato de Jesús, "*Ven*", tiene una profundidad particular. Cada vez que nos comunicamos con el Señor y le planteamos preguntas o inquietudes de cualquier clase acerca de nuestra vida, Él nos dice, "*Ven*". A través de Dios, podemos obtener poder y sabiduría para enfrentar y someter cualquier tormenta que surja en nuestras vidas. En Él, tenemos completa seguridad. ¡En tiempos de problemas, no debemos recurrir a las personas o la religión, debemos "**venir**" a Jesucristo!

MANTENIENDO NUESTROS OJOS EN JESUCRISTO

Cuando Pedro respondió al llamado de Jesús, fijó sus ojos en Él. Pedro dio los primeros pasos en el agua sin incidentes. No se hundió en las olas ni fue derribado por el viento. Sin embargo, una vez que quitó sus ojos de Jesús y miró la tormenta, comenzó el verdadero problema:

> *29a Y descendiendo Pedro de la barca, andaba sobre las aguas para ir a Jesús.*
> *30 Pero al ver el fuerte viento, tuvo miedo; y comenzando a hundirse, dio voces, diciendo: ¡Señor, sálvame! (Mateo 14:29b-30)*

Este pasaje contiene una enseñanza muy importante: Pedro sólo tuvo miedo cuando permitió que el viento y las olas distrajeran su atención de Jesús. La fe de Pedro vaciló cuando comenzó a enfocarse más en la tormenta que los rodeaba que en la habilidad del Señor *para guiarlo a través de* la tormenta.

Al igual que Pedro, cuando enfrentemos desafíos, primero debemos obedecer la Palabra del Señor que nos dice, "*Ven*". Necesitamos permitir que Él nos guíe de manera segura al otro lado de la tormenta. No podemos permitir que la tormenta nos intimide, angustie o distraiga como para no confiar en las palabras de Jesús y obedecerle por completo.

Cuando Pedro comenzó a hundirse y a clamar por ayuda, ¿cuál fue la respuesta del Señor? Él no reprendió a Pedro por mirar las olas, ni le dijo: *"Traga un poco más de agua para que aprendas una lección por dudar de Mí"*. Más bien, Jesús tomó a Pedro de la mano y lo levantó de las olas para que no se ahogara. Cuando Jesús y Pedro volvieron al bote, los vientos se calmaron. Los discípulos adoraron al Señor diciendo: **"Verdaderamente, Tú eres el Hijo de Dios"**.

En una ocasión similar, Jesús y los discípulos subieron a una barca para cruzar el Mar de Galilea. Una vez más, un fuerte viento comenzó a agitar el bote. Los discípulos estaban desesperados y llenos de miedo. En lugar de reprender a la tormenta ellos mismos, inmediatamente despertaron a Jesús que estaba dormido en la parte baja de la embarcación:

> 25 Y vinieron sus discípulos y le despertaron, diciendo: ¡Señor, sálvanos, que perecemos!
> 26 Él les dijo: ¿Por qué teméis, hombres de poca fe? Entonces, levantándose, reprendió a los vientos y al mar; y se hizo grande bonanza. (Mateo 8:25-26)

Una interpretación moderna de la respuesta de Jesús a los discípulos, podría ser: **"Ya se te ha enseñado; estás en condiciones de actuar. ¿Por qué me despertaste?"** Jesús reprendió a los discípulos por tener poca fe porque no habían puesto en práctica lo que les había enseñado acerca de cómo manejar una tormenta. A pesar de la desilusión de Jesús por la falta de fe de los discípulos, Él habló y calmó la tormenta.

Sin importar cuántas veces Jesús había librado a los discípulos de las dificultades en el pasado, la tormenta aun así los desconcertó. Su habilidad para calmar el viento y las olas los sorprendió. ¿Cuál fue la reacción de los discípulos después de que Jesús controló la tormenta? La Escritura revela que estaban asombrados: "Pero los hombres se maravillaron diciendo: *¿Qué hombre es éste, que aun los vientos y el mar le obedecen?*" (Mateo 8:27).

A veces somos como los discípulos. Necesitamos que el Señor nos libre de problemas muchas veces antes de que aprendamos a responder a nuestras tormentas con una actitud de fe y confianza en lugar de miedo y pavor. ¿Cuándo dejaremos de *reaccionar* ante nuestros problemas y comenzaremos a *responder* a nuestras situaciones con *fe*? ¿Cuándo usaremos la *Palabra* que ya hemos escuchado? ¿Cuándo maduraremos del nivel de ser *sorprendidos* por Su poder al nivel de *esperar* que Su poder se manifieste?

Sin importar las circunstancias, usted debe centrarse en Jesucristo y en Su Palabra. Si hace esto, ningún viento podrá detenerlo. El miedo no podrá detenerlo. Nada podrá hacerle a un lado. Siempre habrá tormentas, olas y viento en su vida. Si le distraen, seguramente se hundirá. Sin embargo, si es fiel a las instrucciones que se encuentran en la Palabra de Dios, incluso si enfrenta vientos feroces y olas poderosas, tendrá paz. Sabrá, sin lugar a dudas, que **Jesucristo está presente en su interior, y dispuesto a ayudarlo en cada circunstancia desafiante.**

Los Ciudadanos del Reino debemos estar seguros de que tenemos el apoyo del Rey. Sea que enfrentemos una necesidad emocional o física, nunca estamos sin Su presencia y poder. Porque Él prometió, "**y he aquí yo estoy con vosotros todos los días, hasta el fin del mundo. Amén**" (Mateo 28:20b).

REFLEXIÓN DEL REINO

Dios promete a Sus Ciudadanos una vida de abundancia:

> *10 El ladrón no viene sino para hurtar y matar y destruir; yo he venido para que tengan vida, y para que la tengan en abundancia. (Juan 10:10)*

La palabra "vida" se traduce "Zoe" en griego. Zoe significa una vida de alta calidad y de larga duración. Dios estableció Su Reino como un sistema de mancomunidad para asegurar que sus Ciudadanos experimenten esta vida de alta calidad y tengan acceso a las provisiones para satisfacer sus necesidades prácticas y espirituales.

Jesús ejemplificó la confianza máxima en Dios como Su proveedor. Podemos extraer paz del ejemplo de Jesús y confiar en que Dios ya ha provisto para todas nuestras necesidades y deseos. Siempre podemos depender del Señor para que nos sustente en tiempos difíciles. La prescripción de Jesús para nuestro estrés, cansancio y ansiedad es que **vayamos a Él, aprendamos de Él y encontremos en Él** descanso para nuestras almas. Ya sea que realice un milagro a nuestro favor o nos dé valor y sabiduría para manejar nuestras situaciones, Dios siempre estará presente para ayudarnos a triunfar porque Él vive dentro de nosotros.

DESAFÍO DEL REINO

¿Confía en Dios para sus necesidades? ¿Se preocupa y duda en tiempos de problemas? Las siguientes escrituras le ayudarán a aumentar su fe en Dios como su proveedor y Señor:

6 Por nada estéis afanosos, sino sean conocidas vuestras peticiones delante de Dios en toda oración y ruego, con acción de gracias. (Filipenses 4:6)

19 Mi Dios, pues, suplirá todo lo que os falta conforme a sus riquezas en gloria en Cristo Jesús. (Filipenses 4:19)

3 Tú guardarás en completa paz a aquel cuyo pensamiento en ti persevera; porque en ti ha confiado. (Isaías 26:3)

1 Jehová es mi pastor; nada me faltará. (Salmos 23:1)

Capítulo 7
APRENDIENDO A ELEVAR NUESTRA MANERA DE PENSAR

No importa cuál sea la lección que **aprendamos del Rey Jesús**, siempre requerirá un cambio en nuestro comportamiento y, lo que es más importante, una elevación en nuestro pensamiento. Nuestro nivel de pensamiento es uno de los factores que decidirá si experimentaremos las bendiciones que provienen de la aplicación de las enseñanzas de Jesús.

Si alguna vez ha visitado o trabajado en un edificio de varios pisos, puede haber notado que los empleados que poseen la mayor autoridad tienden a trabajar en las oficinas de los pisos superiores. La forma más rápida de acceder a esos pisos sería tomar el elevador. Lo más importante en este ejemplo no es *quién* trabaja en los pisos superiores del edificio, sino *cómo* tener acceso a esos pisos: el elevador.

Vamos a relacionar este ejemplo con la vida en el Reino de Dios. Los beneficios del Reino—identidad, propósito y poder—existen en el interior de cada uno de nosotros. Sin embargo, necesitamos un "mecanismo" interno que nos ayude a acceder a nuestras características y privilegios del Reino. Ese mecanismo es nuestra forma de pensar. Si queremos experimentar el poder y los beneficios del Reino, nuestros pensamientos deben alinearse con los principios del Reino.

Jesús tuvo éxito en el cumplimiento de Su misión en la Tierra porque mantuvo un enfoque estricto en el Reino. Sus pensamientos, palabras y acciones eran un reflejo directo de la influencia del Reino. Cuando **aprendemos de Jesús** y elegimos elevar nuestro pensamiento, podemos experimentar la vida transformada y abundante que Dios ha prometido a Sus hijos:

8 Por lo demás, hermanos, todo lo que es verdadero, todo lo honesto, todo lo justo, todo lo puro, todo lo amable, todo lo que es de buen nombre; si hay virtud alguna, si algo digno de alabanza, en esto pensad. (Filipenses 4:8)

En este capítulo, aprenderemos:

- Cómo nuestra manera pensar impacta el estado de nuestras vidas
- La importancia de renovar nuestras mentes con la Palabra de Dios
- Cómo combatir los pensamientos negativos y elevar nuestra manera de pensar para que nuestras vidas puedan ascender a nuevos niveles en el Reino de Dios

RENOVANDO LA MENTE

Antes de que Jesús viniera a la Tierra, los profetas declararon que Su presencia traería liberación, sanidad y libertad, las cuáles son beneficios del Reino de Dios. Aunque estos beneficios están disponibles para nosotros hoy, muchos Creyentes sufren en silencio porque no los han experimentado. No han experimentado los beneficios del Reino porque no han renovado sus mentes con la Palabra de Dios.

Los pensamientos negativos pueden evitar que comprendamos lo que está disponible para nosotros en el Reino. Si nuestra manera de pensar (el elevador) no funciona correctamente, entonces no nos llevará a los niveles superiores de vida que tenemos el potencial de alcanzar. Por el contrario, nuestras vidas permanecerán estancadas.

Al igual que los elevadores requieren mantenimiento periódico, reparación e incluso una restauración completa para garantizar su funcionalidad, es importante que actualicemos nuestras mentes, perspectivas y meditaciones para garantizar que nuestros pensamientos nos estén ayudando a experimentar la plenitud de la vida en el Reino de Dios.

Renovar la mente es una tarea necesaria. Dios no diseñó nuestras almas para que permaneciéramos en un estado subdesarrollado; Él tenía la intención de que alcanzáramos mayores niveles de madurez. Solo podemos experimentar el desarrollo espiritual cuando aumentamos nuestro conocimiento y comprensión de Dios y Su Palabra:

2 No os conforméis a este siglo, sino transformaos por medio de la renovación de vuestro entendimiento, para que comprobéis cuál sea la buena voluntad de Dios, agradable y perfecta. (Romanos 12:2)

22 En cuanto a la pasada manera de vivir, despojaos del viejo hombre, que está viciado conforme a los deseos engañosos,
23 y renovaos en el espíritu de vuestra mente,
24 y vestíos del nuevo hombre, creado según Dios en la justicia y santidad de la verdad. (Efesios 4:22-24)

¡Qué maravilloso consejo del Espíritu Santo para cada Creyente!

Una vez que ingresamos al Reino, el renovar la mente se vuelve esencial para manifestar nuestro potencial del Reino. El proceso de desarrollar nuestras mentes y almas puede tomar algo de tiempo, pero el cambio en nuestra manera de pensar ciertamente ocurrirá

18 Por tanto, nosotros todos, mirando a cara descubierta como en un espejo la gloria del Señor, somos transformados de gloria en gloria en la misma imagen, como por el Espíritu del Señor. (2 Corintios 3:18)

ALIMENTANDO LA MENTE

La elevación de nuestro pensamiento solo puede ocurrir si nutrimos nuestras mentes y almas con la Palabra de Dios. La mente subconsciente se alimenta y medita sobre las ideas que asimilamos. No importa si los pensamientos son positivos o negativos; la mente no distingue. La única forma en la que podemos desarrollar el pensamiento del Reino es llenar nuestras mentes con la Palabra de Dios:

16 Toda la Escritura es inspirada por Dios, y útil para enseñar, para redargüir, para corregir, para instruir en justicia,
17 a fin de que el hombre de Dios sea perfecto, enteramente preparado para toda buena obra. (2 Timoteo 3:16-17)

4 El respondió y dijo: Escrito está: No sólo de pan vivirá el hombre, sino de toda palabra que sale de la boca de Dios. (Mateo 4:4)

2 desead, como niños recién nacidos, la leche espiritual no adulterada, para que por ella crezcáis para salvación. (I Pedro 2:2)

La misma Palabra de Dios que creó los Cielos y la Tierra es la misma Palabra que tiene el poder de crear una nueva vida dentro de cada uno de nosotros. Ella es la clave para transformar el entorno de nuestras mentes de algo negativo y destructivo en algo positivo y edificante. El Apóstol Juan escribe acerca de esa Palabra diciendo, **"Lo que era desde el principio, lo que hemos oído, lo que hemos visto con nuestros ojos, lo que hemos contemplado, y palparon nuestras manos tocante al Verbo de vida" (I Juan 1:1).**

La Palabra de Dios nos da el poder de conquistar pensamientos que son contrarios a los principios del Reino:

> *4 porque las armas de nuestra milicia no son carnales, sino poderosas en Dios para la destrucción de fortalezas,*
> *5 derribando argumentos y toda altivez que se levanta contra el conocimiento de Dios, y llevando cautivo todo pensamiento a la obediencia a Cristo. (2 Corintios 10:4-5)*

Podemos vencer el pensamiento carnal, improductivo y dañino, pero para lograrlo debemos comprometernos con el proceso de renovación. En **Mateo 11:12**, leemos, **"Desde los días de Juan el Bautista hasta ahora, el reino de los cielos sufre violencia, y los violentos lo arrebatan"**. Hay muchas interpretaciones de este versículo. En mi interpretación la palabra "violencia" no se refiere a la fuerza física, sino más bien al nivel de intensidad y determinación que necesitamos aplicar para que lleguemos a ser una completa realización de quiénes Dios quiere que seamos. Esto significa que debemos invertir el máximo esfuerzo en el estudio y la aplicación de la Palabra de Dios, para que nuestras mentes tengan el poder de superar los pensamientos que pudieran estorbar nuestro crecimiento.

Por ejemplo, cuando tenemos pensamientos que promueven el temor, debemos meditar en las Escrituras que estimulan el valor y la fe: **"Porque no nos ha dado Dios espíritu de cobardía, sino de poder, de amor y de dominio propio" (2 Timoteo 1: 7).**

Cuando tenemos pensamientos que degradan nuestro sentido de valor propio, debemos encontrar una escritura que afirme nuestra identidad y significado en el Reino:

9 Mas vosotros sois linaje escogido, real sacerdocio, nación santa, pueblo adquirido por Dios, para que anunciéis las virtudes de aquel que os llamó de las tinieblas a su luz admirable. (1 Pedro 2:9)

Elevar nuestro pensamiento puede ser un proceso lento y desafiante, pero debemos ser consistentes en alimentar nuestras mentes con la Palabra para que domine nuestra manera de pensar y nos dé el poder para combatir los pensamientos dañinos. Sabremos que nuestra manera de pensar habrá experimentado la elevación cuando nuestros pensamientos nos motiven a creer y actuar según los principios del Reino y la Palabra de Dios.

UN ESTADO MENTAL DE REINO

Jesucristo es el mejor ejemplo de alguien que tenía una mente enfocada en el Reino. Aun en Su temprana edad, Jesús tenía una agenda: servir a la voluntad y a los intereses del Reino de Su Padre. Él no permitió que los desafíos externos o internos lo distrajeran de Su camino:

39 Yendo un poco adelante, se postró sobre su rostro, orando y diciendo: Padre mío, si es posible, pase de mí esta copa; pero no sea como yo quiero, sino como tú. (Mateo 26:39)

Incluso cuando fue desafiado por los líderes religiosos, Jesús nunca perdió la confianza ni se desvió de lo que Su Padre le había asignado que hiciera:

46 Y aconteció que tres días después le hallaron en el templo, sentado en medio de los doctores de la ley, oyéndoles y preguntándoles.
47 Y todos los que le oían, se maravillaban de su inteligencia y de sus respuestas.
48 Cuando le vieron, se sorprendieron; y le dijo su madre: Hijo, ¿por qué nos has hecho así? He aquí, tu padre y yo te hemos buscado con angustia.
49 Entonces él les dijo: ¿Por qué me buscabais? ¿No sabíais que en los negocios de mi Padre me es necesario estar? (Lucas 2:46-49)

El Apóstol Pablo también describe a Jesús como alguien que tenía un enfoque mental inquebrantable en Su asignación del Reino:

2 completad mi gozo, sintiendo lo mismo, teniendo el mismo amor, unánimes, sintiendo una misma cosa.
3 Nada hagáis por contienda o por vanagloria; antes bien con humildad, estimando cada uno a los demás como superiores a él mismo;

4 no mirando cada uno por lo suyo propio, sino cada cual también por lo de los otros.

5 Haya, pues, en vosotros este sentir que hubo también en Cristo Jesús, 6 el cual, siendo en forma de Dios, no estimó el ser igual a Dios como cosa a que aferrarse,

7 sino que se despojó a sí mismo, tomando forma de siervo, hecho semejante a los hombres;

8 y estando en la condición de hombre, se humilló a sí mismo, haciéndose obediente hasta la muerte, y muerte de cruz.

9 Por lo cual Dios también le exaltó hasta lo sumo, y le dio un nombre que es sobre todo nombre,

10 para que en el nombre de Jesús se doble toda rodilla de los que están en los cielos, y en la tierra, y debajo de la tierra;

11 y toda lengua confiese que Jesucristo es el Señor, para gloria de Dios Padre.

12 Por tanto, amados míos, como siempre habéis obedecido, no como en mi presencia solamente, sino mucho más ahora en mi ausencia, ocupaos en vuestra salvación con temor y temblor,

13 porque Dios es el que en vosotros produce así el querer como el hacer, por su buena voluntad. (Filipenses 2:2-13)

Jesús tenía una mente firme y segura. Él se concentraba en ejecutar Su asignación divina en lugar de contemplar la posibilidad del fracaso. Él no titubeaba ni permitía que los pensamientos de miedo o de intimidación lo detuvieran. Sin importar los desafíos que enfrentaba, siempre resolvía hacer la voluntad de Su Padre. Y debido a Su determinación, cumplió Su propósito como Salvador del mundo. Jesús tuvo éxito en Su misión porque mantuvo un estado mental de Reino. Debemos aprender de la forma en que Jesús enfocó Sus pensamientos en las prioridades del Reino.

Volvamos al ejemplo del elevador. Cuando se sube por un elevador con vista panorámica de la ciudad, cuanto más alto se eleva el ascensor, mayor es el punto de observación. El tamaño y la forma de la ciudad cambian. Los automóviles, los negocios y las personas en la calle parecen más pequeños, pero la vista del panorama en su totalidad es grandiosa e impresionante. Usted puede ver una imagen completa de la ciudad, no solo los detalles individuales.

Si pensamos en la vista de la ciudad en relación con el Reino de Dios, podemos concluir que cuánto más elevemos nuestra manera de pensar, la "visión" será más amplia, y nuestros pensamientos quedarán cautivados por ella. Maduraremos en nuestra naturaleza del Reino y experimentaremos un cambio en nuestra perspectiva de la vida. Al igual que Jesús, no nos inquietaremos por cuestiones inconsecuentes y seremos menos distraídos por los pensamientos negativos y debilitantes. En cambio, nuestros pensamientos, energías y esfuerzos se enfocarán en lo que es más importante: alcanzar nuestro propósito como Ciudadanos del Reino.

REFLEXIÓN DEL REINO

El Reino de Dios está disponible para transformar nuestras vidas. Esta transformación es posible a través de la renovación de nuestras mentes y la elevación de nuestro pensamiento. Renovar la mente requiere que nos sumerjamos en la Palabra de Dios y que cambiemos los pensamientos negativos, impuros e improductivos por pensamientos que reflejen al Rey Jesús y Su Reino. Mientras trabaja para renovar su mente, le animo a que recuerde que: 1) Nunca es demasiado tarde para cambiar su forma de pensar, 2) Renovar la mente comienza aprendiendo con seriedad de Jesús, y 3) Sus acciones serán evidencia de su pensamiento elevado.

Cuando **aprendemos de Jesús** y seguimos Su ejemplo de mantener un estado mental de Reino, nuestros pensamientos y nuestras acciones estarán en armonía con la Palabra, la voluntad y los deseos de nuestro Creador.

DESAFÍO DEL REINO

Tome nota de una o más áreas de su vida en las que le gustaría experimentar la transformación y la elevación. La Palabra de Dios activará la elevación de sus pensamientos y perspectivas. El resultado de esa elevación será su transformación. Estudie las Escrituras para edificar su fe y renovar su pensamiento en esa área. El proceso puede ser desafiante, pero a medida que nutra su mente con la Palabra, sus pensamientos le empoderarán para vivir una vida centrada en el Reino, pacífica y agradable a Dios:

> 8 Por lo demás, hermanos, todo lo que es verdadero, todo lo honesto, todo lo justo, todo lo puro, todo lo amable, todo lo que es de buen nombre; si hay virtud alguna, si algo digno de alabanza, en esto pensad. (Filipenses 4:8).

Capítulo 8

APRENDIENDO A MANIFESTAR EL PODER
DEL REINO

Una de las más altas prioridades de Jesús antes de retornar al cielo fue asegurarse de que Sus seguidores supieran como ejercer su poder y autoridad del Reino. Este poder les capacitaría para realizar el trabajo de promover el Reino de Dios: enseñando la Palabra, entrenando a los nuevos Creyentes para convertirlos en discípulos, sanando a los enfermos, ayudando a los necesitados, y venciendo las tribulaciones.

Al igual que los discípulos, nosotros también podemos manifestar el poder del Reino en nuestras vidas. Dios planta la semilla de Su Reino dentro de cada uno de nosotros cuando renacemos de Su Espíritu. Esta semilla tiene un potencial ilimitado para que el poder del Reino se libere en nuestras vidas:

> *7 Pero tenemos este tesoro en vasos de barro, para que la excelencia del poder sea de Dios, y no de nosotros. (2 Corintios 4:7)*

> *31 Otra parábola les refirió, diciendo: El reino de los cielos es semejante al grano de mostaza, que un hombre tomó y sembró en su campo;*
> *32 el cual a la verdad es la más pequeña de todas las semillas; pero cuando ha crecido, es la mayor de las hortalizas, y se hace árbol, de tal manera que vienen las aves del cielo y hacen nidos en sus ramas. (Mateo 13:31-32)*

Usted se estará preguntando, *"¿Qué significa poseer y manifestar el poder del Reino?" "¿Para hacer exactamente qué es que tengo el poder?"* Ciertamente, no podemos entrar en una agencia gubernamental y proclamar que la región está bajo el dominio del Reino. ¡La gente pensaría que estamos locos! Sin embargo, el poder del Reino nos otorga la autoridad sobre cualquier circunstancia en nuestras vidas. Cuando accedemos y manifestamos el poder del Reino, nuestras vidas serán ejemplos de la existencia del Reino y su efectividad.

En este capítulo, aprenderemos:

- Cómo el poder del Reino puede ayudarnos a vivir nuestro propósito y maximizar el potencial de nuestros dones
- Cómo triunfar sobre la pobreza y ser administradores productivos de nuestros recursos
- Cómo ser proactivos para superar los desafíos y formular soluciones a los problemas

ABRAZANDO EL PROPÓSITO DEL REINO

Yo defino el propósito del Reino como la intención de Dios para nuestra existencia. Nuestros dones son las herramientas que usamos para llevar a cabo ese propósito. Cuando descubrimos nuestros dones y nos conectamos con nuestro propósito, nuestras vidas comienzan a tener sentido. Entendemos que no estamos obligados a realizar tareas y actividades religiosas vanas. Nuestras vidas adquieren más significado a medida que usamos nuestros dones y talentos para ayudar en el progreso del Reino.

Desafortunadamente, algunos Creyentes no se dan cuenta de su significado en el Reino. O no han *descubierto* el propósito de Dios para sus vidas, o no han *abrazado* el propósito de Dios para sus vidas. Aquellos que no han descubierto su propósito pueden haber sido mal aconsejados por sus padres, sus líderes o por sus propias ambiciones, y pueden haber seguido caminos que Dios nunca quiso que siguieran. Es posible que necesiten comunicarse con el Señor para que les revele el mejor uso de sus dones y los guie hacia el camino de su propósito.

Aquellos que no han abrazado su propósito pudieran tener miedo de entregar sus vidas al trabajo del Reino, o pudieran pensar que ciertos tipos de dones y talentos reciben más recompensas y reconocimientos humanos. Persiguen metas y se involucran en actividades que ellos creen que les conseguirán la validación y el elogio de las personas. Lo que no entienden es que TODOS los dones, talentos y funciones tienen valor en el Reino:

14 Porque el reino de los cielos es como un hombre que yéndose lejos, llamó a sus siervos y les entregó sus bienes.
15 A uno dio cinco talentos, y a otro dos, y a otro uno, a cada uno conforme a su capacidad; y luego se fue lejos. (Mateo 25:14-15)

4 Porque de la manera que en un cuerpo tenemos muchos miembros, pero no todos los miembros tienen la misma función,
5 así nosotros, siendo muchos, somos un cuerpo en Cristo, y todos miembros los unos de los otros.
6 De manera que, teniendo diferentes dones, según la gracia que nos es dada, si el de profecía, úsese conforme a la medida de la fe;
7 o si de servicio, en servir; o el que enseña, en la enseñanza;
8 el que exhorta, en la exhortación; el que reparte, con liberalidad; el que preside, con solicitud; el que hace misericordia, con alegría. (Romanos 12:4-8)

11 Y él mismo constituyó a unos, Apóstoles; a otros, profetas; a otros, evangelistas; a otros, pastores y maestros,
12 a fin de perfeccionar a los santos para la obra del ministerio, para la edificación del cuerpo de Cristo. (Efesios 4:11-12)

Hace muchos años, tuve la oportunidad de servir con un hermano en la fe. Una vez me compartió que admiraba mucho a dos predicadores muy populares en su tiempo: el evangelista Jimmy Swaggart y el Dr. Oral Roberts. Él estaba muy impresionado con el estilo de predicación del evangelista Swaggart: la manera poderosa en que hablaba y la manera segura y animada con que se movía en la plataforma para articular su mensaje. También estaba impresionado por el ministerio del Dr. Roberts sanando a los enfermos. En última instancia, este hermano quería ser una fusión de ambos predicadores: un sanador y un orador dinámico.

Estaba tan impresionado con el evangelista Swaggart y el Dr. Roberts que una vez intentó imitar a ambos predicadores durante un servicio en domingo por la mañana. Intentó predicar con el estilo del evangelista Swaggart y reproducir el don de sanidad del Dr. Roberts. Para su sorpresa, la congregación no respondió a su sermón. Peor aún, no hubo ningún mover del Espíritu de Dios. Mi colega dijo que luego le preguntó a Dios,

"¿Por qué no te manifestaste en el servicio, Señor?" Y Dios le respondió, *"¡Es que no te reconocí!"*

A mi querido hermano se le prendió el foco: la única manera para que él pudiera ser efectivo en el ministerio era estar tranquilo con los dones y el propósito que Dios tenía para *su* vida. Necesitaba descubrir y abrazar *su* rol *único* en el Reino, en lugar de tratar de imitar a los demás.

Una persona solo puede ser efectiva y sobresalir en el rol que Dios diseñó para *él* o *ella*. Cuando una persona sirve en una capacidad no adecuada para sus dones, podría sufrir agotamiento, ineficacia y engañar o lastimar a otros. Cuando tratamos de imitar los dones y llamamientos de otros Ciudadanos del Reino, nos perdemos las oportunidades de tocar las vidas de las personas con las que Dios quiere que nos encontremos. No estoy diciendo que no debemos esforzarnos para crecer fuera de nuestras zonas de confort, pero hay una diferencia entre expandir nuestra *zona* y estar en la *zona incorrecta*.

Cuando usted compra un aparato electrodoméstico, el manual del fabricante contiene información sobre la función y el diseño del producto. Lo mismo se aplica a nuestro propósito. Si usted quiere descubrir su rol en el Reino, debe consultar a su Creador (el fabricante) y Su Palabra (el manual). Puede buscar consejo y orientación de personas amables y bien intencionadas, pero solo el Señor conoce la visión completa del diseño único de su vida.

Jesús mismo tuvo un ministerio único. Cada vez que hablaba, usaba parábolas para comunicar los principios del Reino, lo cual era muy efectivo. Pero, ¿qué habría pasado si Jesús hubiera tratado de imitar el estilo de predicación y la apariencia de Juan el Bautista? ¿Qué hubiera pasado si Jesús se hubiera vestido con ropas hechas de piel de camello y si hubiera comido miel y langostas silvestres como Juan (**Mateo 3:4**)? Afortunadamente, Jesús aceptó y se mantuvo fiel a Su enfoque único del ministerio.

Jesús se sentía confiado, confortable y seguro de Su llamado. Él no trató de competir o comparar Su don y propósito con los de nadie más. Debido a que abrazó Su llamado, Él logró lo que Dios le había enviado a hacer en la Tierra.

Aprenda de Jesús: ¡sea un original, no una copia!

MAXIMIZANDO EL POTENCIAL PERSONAL

En las carreteras de los EE. UU., Los límites de velocidad van de 65 a 75 millas por hora. Sin embargo, la mayoría de los fabricantes diseñan automóviles con la capacidad de moverse a velocidades que sobrepasan las 200 millas por hora. Los fabricantes de automóviles no restringen a los conductores a que operen sus automóviles a la velocidad máxima; son las leyes de tránsito las que establecen esos límites. El potencial de velocidad de un vehículo es como nuestro potencial en el Reino. Dios nos creó a Su imagen. Nos diseñó con la capacidad de tener éxito, pero a veces nuestras creencias y nuestro pensamiento limitado nos impiden maximizar todo nuestro potencial como Creyentes. ¡Wow!

26 Entonces dijo Dios: Hagamos al hombre a nuestra imagen, conforme a nuestra semejanza; y señoree en los peces del mar, en las aves de los cielos, en las bestias, en toda la tierra, y en todo animal que se arrastra sobre la tierra.
27 Y creó Dios al hombre a su imagen, a imagen de Dios lo creó; varón y hembra los creó.
28 Y los bendijo Dios, y les dijo: Fructificad y multiplicaos; llenad la tierra, y sojuzgadla, y señoread en los peces del mar, en las aves de los cielos, y en todas las bestias que se mueven sobre la tierra. (Génesis 1:26-28)

En realidad, no hay límites para lo que podemos lograr. Desafortunadamente, el potencial de algunas personas permanece sin explotar porque no han elevado sus mentes y carecen de la mentalidad fructífera del Reino. No solo puede un Creyente ser obstaculizado por su mentalidad, sino también por la mentalidad de su líder espiritual. Algunos líderes con mentalidad religiosa intentan controlar a sus miembros al restringir sus dones dentro de sus congregaciones. Los líderes los llenan de miedo sobre usar sus dones en el mundo. Ese tipo de manipulación hace que sus miembros estén estancados, inseguros e improductivos.

Los pastores y ministros que tratan de controlar cómo los fieles usan sus dones se parecen mucho a los líderes religiosos del tiempo de Jesús. Estaban más preocupados por mantener el desarrollo espiritual del pueblo como rehén de las tradiciones y los rudimentos del judaísmo que por enseñarles a florecer en la vida y en su relación con Dios:

5 Le preguntaron, pues, los fariseos y los escribas: ¿Por qué tus discípulos no andan conforme a la tradición de los ancianos, sino que comen pan con manos inmundas?
6 Respondiendo él, les dijo: Hipócritas, bien profetizó de vosotros Isaías, como está escrito:
Este pueblo de labios me honra,
Mas su corazón está lejos de mí.
7 Pues en vano me honran,
Enseñando como doctrinas mandamientos de hombres.
8 Porque dejando el mandamiento de Dios, os aferráis a la tradición de los hombres: los lavamientos de los jarros y de los vasos de beber; y hacéis otras muchas cosas semejantes.
9 Les decía también: Bien invalidáis el mandamiento de Dios para guardar vuestra tradición. (Marcos 7:5-9)

Los Creyentes nunca deben permitir que las opiniones religiosas y manipuladoras de otros los controlen. Ningún Creyente debería tener miedo de realizar aquello para lo que Dios le ha puesto sobre la Tierra. Cada Ciudadano del Reino debe sentirse libre de progresar en sus dones, sobresalir en sus esfuerzos personales y esforzarse por un mayor crecimiento espiritual. Deberíamos ser como el Apóstol Pablo, que dijo: **"prosigo a la meta, al premio del supremo llamamiento de Dios en Cristo Jesús"** (Filipenses 3:14).

Muchos de nosotros solo estamos arañando la superficie de nuestro potencial. ¿Por qué deberíamos conformarnos con 65 millas por hora cuando tenemos la capacidad de alcanzar 200? Podemos alcanzar nuestro máximo potencial **aprendiendo de Jesús. ¡Ánimo!**

PODER PARA TRIUNFAR SOBRE LA POBREZA

Millones de personas en todo el mundo viven en pobreza extrema. Incluso las naciones que son ricas en recursos tienen ciudadanos que viven en condiciones empobrecidas. No tienen acceso a los artículos de primera necesidad tales como alimentos, agua y refugio adecuados. A pesar de la prevalencia de la pobreza en nuestro mundo, he venido a traerle buenas noticias. Cuando Jesús presentó el Reino, trajo soluciones para los males de la humanidad, incluyendo la pobreza. Para los ciegos, había vista; para los mudos, estaba la capacidad de hablar; para los paralíticos, existía la capacidad de caminar; para los muertos, estaba la resurrección; y para los pobres, había acceso a las provisiones del Reino de Dios

> *22 Y respondiendo Jesús, les dijo: Id, haced saber a Juan lo que habéis visto y oído: los ciegos ven, los cojos andan, los leprosos son limpiados, los sordos oyen, los muertos son resucitados, y a los pobres es anunciado el evangelio. (Lucas 7:22)*

Jesús vino a predicar el "evangelio" que significa buenas nuevas. Las buenas nuevas que vino a proclamar a los pobres eran que había una salida de la pobreza: el Reino. Aunque Jesús trajo la solución a la pobreza, dijo que los pobres siempre estarían con nosotros (**Marcos 14:7**). Usted se estará preguntando ¿cómo puede ser eso? En griego, la palabra "pobre" se refiere a "gente improductiva". Por lo tanto, la pobreza sigue siendo un problema para algunas personas debido a su *mentalidad improductiva*, no porque Dios desea que sean pobres.

Muchos Creyentes han abrazado la idea religiosa de que la pobreza es un signo de humildad; por lo tanto, aceptan las luchas financieras y las carencias como la condición permanente de sus vidas. La pobreza también persiste en algunas naciones debido a gobiernos injustos que obstaculizan la prosperidad económica de todos sus ciudadanos. Debo decir esto: incluso si un Creyente vive en un gobierno que lucha con desafíos económicos, el Señor aún puede prosperar y liberar a ese individuo de sus dificultades. Jesús enseñó que si los Creyentes buscaban *primero* el Reino, "**todas las cosas [les] serían añadidas [a ellos]**" (**Mateo 6:33**). Esta escritura no pone condiciones a nuestro acceso a los recursos del Reino. Los principios del Reino de Dios se aplican a nosotros sin importar dónde estemos en el mundo, y sin importar el sistema de gobierno que esté en el poder del lugar donde residimos.

En el **Libro de Génesis**, José predijo que el hambre llegaría a Egipto y a las naciones circunvecinas (**Génesis 41:53-57**). Para evitar que Su pueblo fuera reducido por la hambruna, el Señor colocó a José en una posición de poder como el administrador principal de Faraón. Luego, Dios impartió sabiduría a José para que preparara a la nación de Egipto de tal manera que sobreviviera la hambruna, mediante el almacenamiento de alimentos en tiempos de cosechas abundantes:

53 Así se cumplieron los siete años de abundancia que hubo en la tierra de Egipto.
54 Y comenzaron a venir los siete años del hambre, como José había dicho; y hubo hambre en todos los países, mas en toda la tierra de Egipto había pan.
55 Cuando se sintió el hambre en toda la tierra de Egipto, el pueblo clamó a Faraón por pan. Y dijo Faraón a todos los egipcios: Id a José, y haced lo que él os dijere.
56 Y el hambre estaba por toda la extensión del país. Entonces abrió José todo granero donde había, y vendía a los egipcios; porque había crecido el hambre en la tierra de Egipto.
57 Y de toda la tierra venían a Egipto para comprar de José, porque por toda la tierra había crecido el hambre. (Génesis 41:53-57)

Si no hubiera sido por la visión y la sabiduría que Dios le dio a José, Egipto y las naciones circunvecinas no habrían sobrevivido.

Imagínese cómo cambiaría el mundo si los líderes de nuestro tiempo fueran como José y tomaran decisiones con base en la sabiduría de Dios. Imagínese cómo las vidas de los ciudadanos del mundo prosperarían si los líderes comprendieran y practicaran los principios del Reino. Creo que el mandamiento del Señor a los Creyentes de enseñar a las naciones (**Mateo 28:19**) no solo fue para que llegáramos a los corazones de las personas, sino para que alcanzáramos los corazones de los líderes del mundo.

Cuando el Señor envió a Moisés a liberar a los Hijos de Israel de Egipto, la oscuridad había caído sobre toda la tierra de Egipto, excepto en la región de Gosén, donde vivían los israelitas:

22 Y extendió Moisés su mano hacia el cielo, y hubo densas tinieblas sobre toda la tierra de Egipto, por tres días.
23 Ninguno vio a su prójimo, ni nadie se levantó de su lugar en tres días; mas todos los hijos de Israel tenían luz en sus habitaciones. (Éxodo 10:22-23)

La *oscuridad* en Egipto y la *luz* en Gosén son un símbolo de las opciones que tenemos ante nosotros. Podemos elegir vivir en la *oscuridad* e ignorar el poder, el potencial y los recursos disponibles a través de nuestra Ciudadanía del Reino, o podemos elegir ser *iluminados* y acceder a la sabiduría que tenemos disponible para superar nuestras circunstancias, incluida la pobreza.

Agradezco a Dios que la pobreza no tiene que ser una condición permanente. No importan nuestras circunstancias o el sistema de gobierno bajo el cual residimos, la aplicación de los principios del Reino y la sabiduría puede ayudarnos a elevar nuestras vidas a un lugar de prosperidad.

MAYORDOMÍA Y PRODUCTIVIDAD DEL REINO

Cada uno de nosotros tiene el potencial de llevar una vida fructífera y próspera. Podemos despertar nuestro potencial aplicando los principios de productividad y buena administración del Reino:

18 Sino acuérdate de Jehová tu Dios, porque él te da el poder para hacer las riquezas, a fin de confirmar su pacto que juró a tus padres, como en este día. (Deuteronomio 8:18)

Los Creyentes poseen el poder del Creador quien, en **Génesis 1:1**, formó el Cielo y la Tierra con Sus Palabras. Cuando usamos el poder de nuestras palabras, podemos activar nuestra creatividad e ingenio para generar ideas audaces que pueden traer cambios positivos en nuestras vidas y en el mundo.

Lamentablemente, algunas personas optan por no hacer ningún esfuerzo para mejorar sus circunstancias. **Proverbios 24:33-34** ilustra esto vívidamente:

33 Un poco de sueño, cabeceando otro poco,
Poniendo mano sobre mano otro poco para dormir;
34 Así vendrá como caminante tu necesidad,
Y tu pobreza como hombre armado. (Proverbios 24:33-34)

En cierta ocasión escuché la historia de un hombre que fue a visitar a su Pastor para discutir un asunto muy serio.

El hombre dijo: *"Pastor, necesito hacerme un examen de la vista".*
"¿Y eso, por qué?", Preguntó el pastor. El hombre respondió: *"¡Han pasado tres meses y no he visto nada de dinero!"*

En lugar de ponerse a trabajar para cambiar su situación financiera, el hombre improductivo al que Salomón se refiere en **Proverbios 24:33-34** elige esperar que alguien le extienda la mano y le ayude. Desafortunadamente, algunas personas viven de esa manera. Creen que son prisioneros de sus circunstancias. No consideran cómo pueden usar sus habilidades y recursos para mejorar su situación. La vida y el ministerio de Jesús les muestran lo contrario: que pueden tener vidas fructíferas y productivas.

Cuando Jesús comenzó Su ministerio, nombró a doce discípulos:

> *13 Después subió al monte, y llamó a sí a los que él quiso; y vinieron a él.*
> *14 Y estableció a doce, para que estuviesen con él, y para enviarlos a predicar,*
> *15 y que tuviesen autoridad para sanar enfermedades y para echar fuera demonios:*
> *16 a Simón, a quien puso por sobrenombre Pedro;*
> *17 a Jacobo hijo de Zebedeo, y a Juan hermano de Jacobo, a quienes apellidó Boanerges, esto es, Hijos del trueno;*
> *18 a Andrés, Felipe, Bartolomé, Mateo, Tomás, Jacobo hijo de Alfeo, Tadeo, Simón el cananista,*
> *19 y Judas Iscariote, el que le entregó. Y vinieron a casa. (Marcos 3:13-19)*

Jesús viajó con los doce discípulos de ciudad en ciudad predicando el Reino y sirviendo a los necesitados. Jesús influenció a muchos para el Reino y multiplicó el número de Sus discípulos:

> *1 Después de estas cosas, designó el Señor también a otros setenta, a quienes envió de dos en dos delante de él a toda ciudad y lugar adonde él había de ir. (Lucas 10:1)*

Eventualmente, el trabajo de Jesús y los discípulos resultó en el establecimiento y el crecimiento exponencial de la Iglesia. Debido al compromiso de Jesús, innumerables generaciones han entrado en el Reino de Dios:

> *41 Así que, los que recibieron su palabra fueron bautizados; y se añadieron aquel día como tres mil personas. (Hechos 2:41)*

> *4 Pero muchos de los que habían oído la palabra, creyeron; y el número de los varones era como cinco mil. (Hechos 4:4)*

Ese mismo potencial para el crecimiento exponencial y la productividad existe dentro de cada Creyente del Reino. Dios honra, bendice y engrandece a aquellos que trabajan arduamente y hacen el esfuerzo de ser productivos con sus dones y habilidades. La "Parábola de los Talentos" revela este principio:

14 Porque el reino de los cielos es como un hombre que yéndose lejos, llamó a sus siervos y les entregó sus bienes.
15 A uno dio cinco talentos, y a otro dos, y a otro uno, a cada uno conforme a su capacidad; y luego se fue lejos.
16 Y el que había recibido cinco talentos fue y negoció con ellos, y ganó otros cinco talentos.
17 Asimismo el que había recibido dos, ganó también otros dos.
18 Pero el que había recibido uno fue y cavó en la tierra, y escondió el dinero de su señor.
19 Después de mucho tiempo vino el señor de aquellos siervos, y arregló cuentas con ellos.
20 Y llegando el que había recibido cinco talentos, trajo otros cinco talentos, diciendo: Señor, cinco talentos me entregaste; aquí tienes, he ganado otros cinco talentos sobre ellos.
21 Y su señor le dijo: Bien, buen siervo y fiel; sobre poco has sido fiel, sobre mucho te pondré; entra en el gozo de tu señor.
22 Llegando también el que había recibido dos talentos, dijo: Señor, dos talentos me entregaste; aquí tienes, he ganado otros dos talentos sobre ellos.
23 Su señor le dijo: Bien, buen siervo y fiel; sobre poco has sido fiel, sobre mucho te pondré; entra en el gozo de tu señor.
24 Pero llegando también el que había recibido un talento, dijo: Señor, te conocía que eres hombre duro, que siegas donde no sembraste y recoges donde no esparciste;
25 por lo cual tuve miedo, y fui y escondí tu talento en la tierra; aquí tienes lo que es tuyo.
26 Respondiendo su señor, le dijo: Siervo malo y negligente, sabías que siego donde no sembré, y que recojo donde no esparcí.
27 Por tanto, debías haber dado mi dinero a los banqueros, y al venir yo, hubiera recibido lo que es mío con los intereses.
28 Quitadle, pues, el talento, y dadlo al que tiene diez talentos.
29 Porque al que tiene, le será dado, y tendrá más; y al que no tiene, aun lo que tiene le será quitado. (Mateo 25:14-29)

El amo estaba complacido con los esfuerzos de los siervos que demostraron fe e iniciativa al invertir su dinero. Los sirvientes con dos y cinco talentos eligieron enfocarse en el potencial de ganancia de lo que su señor les había dado. Sus inversiones produjeron el doble de ganancia. Debido a su iniciativa, el señor los promovió a un nivel más alto de administración y responsabilidad.

Desafortunadamente, el sirviente que recibió un talento de su señor inventó excusas y ocultó el talento en la tierra. El señor, decepcionado por la falta de fe del sirviente, tomó el talento y se lo dio al siervo que había invertido sabiamente los cinco talentos. El siervo con un talento perdió la oportunidad de ascenso debido a su mentalidad temerosa y limitada. No aprovechó el potencial de crecimiento de lo que su señor *le había dado*.

Algunos de nosotros tenemos la mentalidad del siervo con un talento. Debido al miedo, la inseguridad e incluso la pereza, presentamos la excusa de que un talento no es suficiente. Creemos que podríamos hacer más si tuviéramos más. No vemos que nuestro único "talento" tiene un potencial infinito porque proviene de un Dios infinito. Nos perdemos de las bendiciones que podrían resultar de la inversión y el uso adecuado de nuestro talento. Si usted se esfuerza por ver el valor de su don o talento, pídale a Dios que le revele cómo ese don puede ser usado para expandir Su Reino. Incluso si tiene un solo don, la maximización de ese don puede tener un impacto significativo en el mundo.

Muchos de nosotros buscamos oportunidades para crecimiento y promoción en nuestras vidas. Este deseo es una inclinación natural porque Dios ordenó en **Génesis 1:28 "fructificad y multiplicaos"**. Aunque queremos crecer y expandirnos, es posible que no recibamos oportunidades para hacerlo hasta que demostremos que podemos ser buenos administradores (mayordomos) de lo que poseemos actualmente. Jesús dice: "**El que es fiel en lo muy poco, también en lo más es fiel; y el que en lo muy poco es injusto, también en lo más es injusto**" (Lucas 16:10). Dios, en Su sabiduría, nos da tiempo para madurar hasta un nivel en el que podemos manejar mayores cantidades de responsabilidad.

Al principio, Dios creó los Cielos y la Tierra. La Escritura revela que: "**ni había hombre para que labrase la tierra**" (Génesis 2:5b). Solo había un vapor que regaba la Tierra y nutría sus semillas. Dios creó al hombre y lo colocó en la Tierra para que la cuidara. Una vez que el hombre fue creado, la Tierra comenzó a producir. En el Libro de Génesis, leemos: "**Y Jehová Dios hizo nacer de la tierra todo árbol delicioso a la vista, y bueno para comer**" (Génesis 2: 9a).

El mismo principio se aplica a nuestras vidas. Hasta que Dios pueda encontrar personas responsables en Su Reino que usen los recursos que ya poseen, Él no enviará más semillas (recursos) o lluvia (Su bendición). Demuéstrele al Señor que puede ser un buen mayordomo de los dones, talentos y recursos que Él ya le ha dado. Aplíquelos a la manifestación de su propósito y sus sueños. Sus esfuerzos podrían convertirse en mayores fuentes de ingresos, en un legado empresarial exitoso para su familia o en una idea que podría afectar positivamente a su comunidad.

DOMINIO SOBRE PROBLEMAS Y CIRCUNSTANCIAS

Algunos de los beneficios de poseer el poder del Reino son: 1) ser capaces de elaborar soluciones de Dios a nuestros problemas y 2) ser capaces de ejercer dominio sobre nuestras circunstancias. Jesús es el mejor solucionador de problemas de la historia. Todos Sus milagros dan testimonio de Su habilidad para diseñar soluciones a los problemas que encontró. En Su primer milagro Jesús se involucró en resolver un problema durante una boda en Caná de Galilea. Debido a un error de cálculo, el anfitrión de la boda no tenía suficiente vino para los invitados. Como usted se puede imaginar, este era un problema serio porque el vino era una parte importante de la celebración. Una vez que el vino se agotó, estoy seguro de que el anfitrión estaba muy preocupado. ¿Qué serviría a sus invitados? María, la madre de Jesús, fue a Él para buscar ayuda porque sabía que su Hijo podía resolver el problema. Cuando Jesús supo que no había vino, usó Su sabiduría y Su poder para crear una solución. Él no entró en pánico ni se quejó. Hizo que los servidores llenaran los recipientes vacíos con agua y Jesús, de manera sobrenatural, transformó el agua en vino:

> *1 Al tercer día se hicieron unas bodas en Caná de Galilea; y estaba allí la madre de Jesús.*
> *2 Y fueron también invitados a las bodas Jesús y sus discípulos.*
> *3 Y faltando el vino, la madre de Jesús le dijo: No tienen vino.*
> *4 Jesús le dijo: ¿Qué tienes conmigo, mujer? Aún no ha venido mi hora.*
> *5 Su madre dijo a los que servían: Haced todo lo que os dijere.*
> *6 Y estaban allí seis tinajas de piedra para agua, conforme al rito de la purificación de los judíos, en cada una de las cuales cabían dos o tres cántaros.*
> *7 Jesús les dijo: Llenad estas tinajas de agua. Y las llenaron hasta arriba.*
> *8 Entonces les dijo: Sacad ahora, y llevadlo al maestresala. Y se lo llevaron.*
> *9 Cuando el maestresala probó el agua hecha vino, sin saber él de dónde era, aunque lo sabían los sirvientes que habían sacado el agua, llamó al esposo,*

10 y le dijo: Todo hombre sirve primero el buen vino, y cuando ya han bebido mucho, entonces el inferior; mas tú has reservado el buen vino hasta ahora.

11 Este principio de señales hizo Jesús en Caná de Galilea, y manifestó su gloria; y sus discípulos creyeron en él. (Juan 2:1-11)

Debemos **aprender de Jesús** y usar la sabiduría que Dios nos ha dado para encontrar soluciones a los desafíos que enfrentamos.

¿Cuántas personas pueden decir realmente que han escuchado enseñanzas que les empoderan para responder a los dilemas con una actitud proactiva? Muy a menudo en el entorno religioso, los líderes enseñan que uno debe responder a las dificultades *sólo* con oración. Desafortunadamente, algunos confían en la oración como una respuesta pasiva para no tener que asumir la responsabilidad de sus circunstancias.

Algunos ministerios con influencia nacional e internacional también parecen alentar a las personas a que adopten un enfoque pasivo frente a los desafíos de la vida. Muchos programas de radio y televisión prometen orar por su audiencia. Miles de personas, clamando por soluciones para problemas muy serios, envían cartas y correos electrónicos a estos ministerios pidiendo oración. Permítanme hacer una pausa y decir que muchas organizaciones legítimamente oran por aquellos que piden oración. Sin embargo, algunos ministerios leen muy pocas de esas cartas o correos electrónicos. Su razón principal para ofrecer oración es expandir sus listas de correo.

Creo sinceramente que la mayoría de las personas oran genuinamente por los demás, pero hay otros con una actitud religiosa que prometen orar como una forma conveniente de despedir a sus hermanos y hermanas que necesitan ayuda. *"Sí, estoy orando por ti"*, es una frase que utilizan automáticamente en respuesta a los que tienen alguna necesidad, pero no es una promesa sincera. Tristemente, una promesa vacía de oración puede ser devastadora para las personas que están acostumbradas a confiar en las oraciones de los demás.

Afortunadamente, esta no es la manera de funcionar en el Reino. La oración no debe ser una excusa para abandonar nuestra responsabilidad en alguna situación. El Reino no nos enseña a correr y pedir oración a los demás a la primera señal de un problema. El Reino nos anima a actuar dentro de nuestro poder y con la guía de la Palabra. Hay ocasiones en que la oración, de común acuerdo con otros Creyentes, puede inspirar la solución de algo. Pero cuando oramos por nosotros mismos, debemos estar seguros que las respuestas que buscamos vendrán de Dios quien vive en nosotros. La Palabra de Dios dice: **"Porque Jehová da la sabiduría, Y de su boca viene el conocimiento y la inteligencia"** (Proverbios 2:6).

A DIOS ROGANDO Y CON EL MAZO DANDO

Por largo tiempo, muchas iglesias han fomentado la "mentalidad de orar solamente" en lugar de la mentalidad de poner la fe en acción. En el pasado, los Creyentes pueden haber aprendido a orar y esperar, pero el Reino de Dios nos empodera para actuar AHORA. Hay un dicho popular en Latinoamérica que dice: *"A Dios rogando y con el mazo dando"*. En otras palabras, es bueno orar, pero también debemos asegurarnos de haber hecho todo lo que está en nuestro poder para cambiar nuestra situación. Dios no se agrada de los ociosos. Él prefiere que oremos sin abandonar la acción.

Hubo un hombre en la Biblia que había estado sufriendo de una enfermedad durante treinta y ocho años. Éste se hallaba acostado cerca del estanque de Bethesda en Jerusalén cuando Jesús lo encontró. El estanque era especial porque periódicamente, un ángel descendía y agitaba el agua. Cuando el ángel visitaba el estanque, quien entraba primero al agua era sanado de su enfermedad. Extrañamente, cada vez que el ángel llegaba al estanque, este hombre nunca podía entrar al agua a tiempo para recibir su sanidad:

> *1 Después de estas cosas había una fiesta de los judíos, y subió Jesús a Jerusalén.*
> *2 Y hay en Jerusalén, cerca de la puerta de las ovejas, un estanque, llamado en hebreo Betesda, el cual tiene cinco pórticos.*
> *3 En éstos yacía una multitud de enfermos, ciegos, cojos y paralíticos, que esperaban el movimiento del agua.*
> *4 Porque un ángel descendía de tiempo en tiempo al estanque, y agitaba el agua; y el que primero descendía al estanque después del movimiento del agua, quedaba sano de cualquier enfermedad que tuviese.*
> *5 Y había allí un hombre que hacía treinta y ocho años que estaba enfermo.*
> *6 Cuando Jesús lo vio acostado, y supo que llevaba ya mucho tiempo así, le dijo: ¿Quieres ser sano?*
> *7 Señor, le respondió el enfermo, no tengo quien me meta en el estanque cuando se agita el agua; y entre tanto que yo voy, otro desciende antes que yo.*
> *8 Jesús le dijo: Levántate, toma tu lecho, y anda.*

9 Y al instante aquel hombre fue sanado, y tomó su lecho, y anduvo. Y era día de reposo aquel día. (Juan 5:1-9)

Cuando Jesús pasó junto al estanque, amorosamente le preguntó al hombre: *"¿Quieres ser sano?"* El hombre respondió: *"Señor, no tengo a nadie que me ayude"*. Note que el Señor no le preguntó al hombre si tenía a alguien que le ayudara a entrar en el estanque. Le preguntó si quería ser sano. Los sentimientos de imposibilidad del hombre casi interfieren con su oportunidad de recibir la sanidad de Jesús. ¿Qué hizo Jesús con ese hombre desafortunado? Le dio una palabra de empoderamiento: "[**Levántate, toma tu lecho, y anda**]."

Cuando compartimos nuestros problemas con el Señor o los discutimos con otros, a menudo usamos la misma excusa que el hombre: *"No tengo a nadie que me ayude"*. Y aun cuando el Señor nos presenta una solución, si nos hemos vuelto demasiado cómodos en nuestra fragilidad, responderemos desde una posición de debilidad o desánimo en lugar de determinación. Cuando Dios habla acerca de nuestras necesidades, Él presenta la única respuesta. Debemos abandonar el hábito de poner excusas y en su lugar adoptar la práctica de ejercitar nuestra fe. Es crucial para los Hijos de Dios saber que tenemos acceso al poder para manejar nuestras circunstancias. Cuando **aprendemos de Jesús**, aprendemos cómo y cuándo actuar en relación con nuestras circunstancias.

Una vez escuché la historia de un grupo de mujeres mayores que organizaron una vigilia de toda la noche para orar sobre el crimen en la ciudad. Decidieron invitar a otra hermana de su comunidad a venir a orar con ellas. Las ancianitas le informaron que estaban orando específicamente para que las autoridades cerraran un hotel local usado para el narcotráfico y la prostitución. Después de escuchar el enfoque de la oración de las mujeres, la amiga dijo: *"¡Yo ya me voy!"*. Las mujeres se sorprendieron de que la hermana se fuera; suponían que oraría con ellas toda la noche.

A la mañana siguiente, después que terminaron su vigilia, las ancianitas notaron que el hotel estaba ardiendo en llamas. Llamaron a la amiga a su casa para contarle la noticia.

"¡Nuestras oraciones han sido respondidas!", gritaron.

"Lo sé", dijo ella, *"fui yo quien le prendió fuego al hotel. Me dijeron la razón por la que estarían orando y yo me encargué de hacerlo!"*

¡Por favor, no intente esto en casa! No estoy recomendando que usted prenda fuego a su comunidad, pero le diré que ciertamente podemos aprender de la actitud de esa hermana y ENTRAR EN ACCCIÓN. A veces oramos demasiado en lugar de utilizar los principios del Reino para lograr una solución. Recuerde: ¡hay un tiempo para orar y un tiempo **para actuar**!

REFLEXIÓN DEL REINO

La evidencia del poder del Reino operando en nuestras vidas puede incluir:

- Un aumento en nuestro gozo y paz
- Un sentido más fuerte de identidad y propósito personales
- La maximización de nuestro potencial
- Un aumento en nuestra productividad, prosperidad, sentido de responsabilidad y mayordomía
- Una capacidad mejorada para resolver problemas

Manifestar el poder del Reino significa que entendemos que Dios nos ha dado los recursos, las destrezas y las habilidades para cumplir con las exigencias de la vida, pero debemos elegir creer, acceder y actuar con lo que Él nos ha dado. Cuando **aprendemos del ejemplo de Jesús** de manifestar el poder del Reino, podemos comprender nuestro nivel de responsabilidad en el manejo de situaciones y cómo aplicar un equilibrio adecuado de oración y acción. A través de la oración y la acción, podemos hacer grandes obras para el Reino:

> 11 *Creedme que yo soy en el Padre, y el Padre en mí; de otra manera, creedme por las mismas obras.*
> 12 *De cierto, de cierto os digo: El que en mí cree, las obras que yo hago, él las hará también; y aun mayores hará, porque yo voy al Padre.*
> *(Juan 14:11-12)*

DESAFÍO DEL REINO

Abrazando Su Propósito del Reino

Dios creó a cada uno de nosotros con dones y talentos únicos para un propósito específico. Si usted ha luchado por identificar su propósito o ha tenido dificultades para comprender el valor de sus dones, debe pedirle a Dios que le revele Su propósito para la vida y el valor que usted tiene para Su Reino:

> *4 Vino, pues, palabra de Jehová a mí, diciendo:*
> *5 Antes que te formase en el vientre te conocí, y antes que nacieses te santifiqué, te di por profeta a las naciones. (Jeremías 1:4-5)*

> *13 Porque tú formaste mis entrañas;*
> *Tú me hiciste en el vientre de mi madre.*
> *14 Te alabaré; porque formidables, maravillosas son tus obras;*
> *Estoy maravillado, Y mi alma lo sabe muy bien (Salmos 139:13-14)*

Maximizando Su Potencial y Productividad

¿Le ha inspirado Dios a usar sus dones para lograr un sueño específico o una visión específica? Escriba la visión y pídale a Dios que le dé la sabiduría para desarrollar un plan de acción. Cuando invierta tiempo, trabajo arduo y fe en ese plan, sus sueños y metas se harán realidad:

> *Los pensamientos del diligente ciertamente tienden a la abundancia;*
> *Mas todo el que se apresura alocadamente, de cierto va a la pobreza*
> *(Proverbios 21:5)*

Dominio Sobre las Circunstancias

¿Quiere más confianza para enfrentar los desafíos de la vida? Le animo a que desarrolle sus músculos de "dominio" a través de la oración, la sabiduría, y la acción apropiada. Dios le ha dado el poder para triunfar y vivir como un poderoso Ciudadano del Reino:

> *37 Antes, en todas estas cosas somos más que vencedores por medio de aquel que nos amó.*
> *38 Por lo cual estoy seguro de que ni la muerte, ni la vida, ni ángeles, ni principados, ni potestades, ni lo presente, ni lo por venir,*
> *39 ni lo alto, ni lo profundo, ni ninguna otra cosa creada nos podrá separar del amor de Dios, que es en Cristo Jesús Señor nuestro.*
> *(Romanos 8:37-39)*

Capítulo 9
APRENDIENDO A RESTAURAR A OTROS

Los medios noticiosos tienen un historial de hacer reportajes acerca de personas que cometieron terribles errores en sus carreras y vidas personales. Todos los días, se revela un nuevo escándalo involucrando a alguien en una posición de prominencia. La prensa rara vez invierte el mismo esfuerzo para restaurar la reputación de un individuo cómo lo hace para exponer los errores de la persona. Y desafortunadamente, es extremadamente difícil para aquellos que se encuentran en el centro del escándalo recuperar su buena reputación.

No solo vemos este fenómeno en los medios sino también en el contexto de la vida cotidiana. ¿Con qué frecuencia participamos en la caída de la reputación de alguien al perpetuar rumores negativos acerca de ellos? ¿Con qué frecuencia vemos el fracaso de nuestros vecinos, hermanos o hermanas y tomamos medidas para restaurarlos a su posición original de respetabilidad, confianza e integridad? ¿Hacemos algún esfuerzo para ayudar a restaurar y reconstruir no solo la imagen pública, sino también la imagen propia y el ser interior de aquellos que han caído?

Los Creyentes generalmente usan el término *restauración* con respecto a la reputación de una persona. Sin embargo, la intención principal de la restauración es restaurar el gozo, la paz y la seguridad de una persona en Dios. El Apóstol Pablo instruye, **"porque el reino de Dios no es comida ni bebida, sino justicia, paz y gozo en el Espíritu Santo"** (Romanos 14:17).

He incluido este capítulo en el libro porque el perdón, la redención y la libertad fueron los sellos distintivos del ministerio de Jesús. Si nos tomamos en serio el **aprender de Jesús**, entonces debemos aprender a practicar Su método de amar, restaurar y conducir a las personas al Reino sin que nos importen sus errores.

En este capítulo, aprenderemos:

- El enfoque de Jesús en cuanto a la restauración
- El verdadero significado del arrepentimiento y la restauración
- Orientación para Creyentes sobre cómo restaurar a los demás

LA IMPORTANCIA DE LA RESTAURACIÓN PARA JESÚS

La principal misión de Jesús en la Tierra fue restaurar la relación del hombre con Dios y restaurar el lugar del hombre en el Reino. Hay muchos ejemplos de Jesús ofreciendo perdón, misericordia y completa restauración a aquellos con los que se encontró. Un poderoso ejemplo es el relato de una mujer con una reputación inmoral que quería honrar a Jesús:

> *37 Entonces una mujer de la ciudad, que era pecadora, al saber que Jesús estaba a la mesa en casa del fariseo, trajo un frasco de alabastro con perfume;*
> *38 y estando detrás de él a sus pies, llorando, comenzó a regar con lágrimas sus pies, y los enjugaba con sus cabellos; y besaba sus pies, y los ungía con el perfume.*
> *44 Y vuelto a la mujer, dijo a Simón: ¿Ves esta mujer? Entré en tu casa, y no me diste agua para mis pies; mas ésta ha regado mis pies con lágrimas, y los ha enjugado con sus cabellos.*
> *45 No me diste beso; mas ésta, desde que entré, no ha cesado de besar mis pies.*
> *46 No ungiste mi cabeza con aceite; mas ésta ha ungido con perfume mis pies.*
> *47 Por lo cual te digo que sus muchos pecados le son perdonados, porque amó mucho; mas aquel a quien se le perdona poco, poco ama.*
> *48 Y a ella le dijo: Tus pecados te son perdonados. (Lucas 7:37-38, 44-48)*

La bondad de la mujer conmovió a Jesús, por lo que Él le mostró una gran compasión y misericordia. Lo que fue igualmente fenomenal, es que Jesús perdonó y honró a la mujer en presencia de los líderes religiosos que probablemente la habían juzgado, condenado y rechazado. ¿Puede imaginarse cuánto cambió la vida de esta mujer por los regalos del perdón y la restauración de Jesús? Ella recibió la completa libertad de la culpa y la vergüenza de sus errores; la restauración de su imagen pública; y la seguridad de que Jesús había aceptado su acto de amor y arrepentimiento. Al igual que Jesús restauró a la mujer, podemos ayudar a aquellos que buscan liberarse de la vergüenza y la culpa para encontrar la restauración, la integridad y la vida renovada en el Reino de Dios. Continuemos **aprendiendo de Jesús** y estemos disponibles para ayudar a restaurar a los demás.

CLAVES PARA LA RESTAURACIÓN

Algunos argumentarán que puede ser muy difícil ayudar a restaurar a alguien que ha cometido un error. Podemos limitar nuestras interacciones con ellos y excluirlos de nuestros círculos sociales, organizaciones e incluso actividades de la iglesia. Algunos de nosotros solo estamos dispuestos a restaurar a las personas en base a la naturaleza de sus errores. Y cuando los restauramos, a menudo es con condiciones. Dependiendo de la cantidad de dolor y sufrimiento que hayan causado, es posible que no les demos la posición, el título o el lugar de prominencia que alguna vez ocuparon.

Aunque el mundo puede tener dificultades para restaurar a aquellos que cometieron un error, la Palabra de Dios les da a los Creyentes una guía sobre cómo tratar con nuestros hermanos y hermanas que necesitan recuperarse de situaciones perjudiciales:

> *1 Hermanos, si alguno fuere sorprendido en alguna falta, vosotros que sois espirituales, restauradle con espíritu de mansedumbre, considerándote a ti mismo, no sea que tú también seas tentado.*
> *2 Sobrellevad los unos las cargas de los otros, y cumplid así la ley de Cristo.*
> *3 Porque el que se cree ser algo, no siendo nada, a sí mismo se engaña.*
> *4 Así que, cada uno someta a prueba su propia obra, y entonces tendrá motivo de gloriarse sólo respecto de sí mismo, y no en otro;*
> *5 porque cada uno llevará su propia carga.*
> *6 El que es enseñado en la palabra, haga partícipe de toda cosa buena al que lo instruye (Gálatas 6:1-6)*

Guiar a alguien a través de un proceso de restauración debe hacerse con gentileza y sabiduría divina. Me gustaría sugerir que tengamos en cuenta la siguiente guía al restaurar a nuestros hermanos, hermanas y amigos:

1. Recordemos Nuestras Imperfecciones — Cuando consideramos nuestros desafíos, eso nos permite sentir empatía y mostrar misericordia hacia aquellos que han tomado decisiones equivocadas debido a sus malas elecciones y a sus batallas personales con pensamientos erróneos o hábitos destructivos:

> *1 No juzguéis, para que no seáis juzgados.*
> *2 Porque con el juicio con que juzgáis, seréis juzgados, y con la medida con que medís, os será medido.*
> *3 ¿Y por qué miras la paja que está en el ojo de tu hermano, y no echas de ver la viga que está en tu propio ojo?*
> *4 ¿O cómo dirás a tu hermano: Déjame sacar la paja de tu ojo, y he aquí la viga en el ojo tuyo?*
> *5 ¡Hipócrita! saca primero la viga de tu propio ojo, y entonces verás bien para sacar la paja del ojo de tu hermano. (Mateo 7:1-5)*

Hay un pasaje en la Biblia en el que un grupo de líderes religiosos sorprendieron a una mujer en adulterio. Debido a sus actitudes legalistas, querían apedrearla. En lugar de estar de acuerdo con su severa sentencia, Jesús planteó un argumento misericordioso y sabio al respecto:

> *3 Entonces los escribas y los fariseos le trajeron una mujer sorprendida en adulterio; y poniéndola en medio,*
> *4 le dijeron: Maestro, esta mujer ha sido sorprendida en el acto mismo de adulterio.*
> *5 Y en la ley nos mandó Moisés apedrear a tales mujeres. Tú, pues, ¿qué dices?*
> *6 Mas esto decían tentándole, para poder acusarle. Pero Jesús, inclinado hacia el suelo, escribía en tierra con el dedo.*
> *7 Y como insistieran en preguntarle, se enderezó y les dijo: El que de vosotros esté sin pecado sea el primero en arrojar la piedra contra ella. (Juan 8:3-7)*

Después de que Jesús había desafiado la "autoridad moral" de aquellos líderes religiosos para apedrear a la mujer, se inclinó y comenzó a escribir en el suelo con Su dedo. La Escritura no especifica que fue lo que Jesús escribió, pero sí dice que los hombres arrojaron sus piedras al suelo. Se alejaron del lugar del incidente, completamente avergonzados y condenados por su conciencia:

> *8 E inclinándose de nuevo hacia el suelo, siguió escribiendo en tierra.*
> *9 Pero ellos, al oír esto, acusados por su conciencia, salían uno a uno, comenzando desde los más viejos hasta los postreros; y quedó solo Jesús, y la mujer que estaba en medio.*

10 Enderezándose Jesús, y no viendo a nadie sino a la mujer, le dijo: Mujer, ¿dónde están los que te acusaban? ¿Ninguno te condenó?
11 Ella dijo: Ninguno, Señor. Entonces Jesús le dijo: Ni yo te condeno; vete, y no peques más. (Juan 8:8-11)

La respuesta de Jesús a los maestros de la Ley y a los Fariseos me recuerda la expresión: *"Las personas que viven en casas de cristal no deben tirar piedras"*. Todos somos vulnerables a las críticas debido a nuestros errores e imperfecciones del pasado. La Palabra de Dios testifica que ninguno de nosotros puede depender de su propio sentido de moralidad porque todos tenemos fallas. El Apóstol Pablo enseña **"Por cuanto todos pecaron, y están destituidos de la gloria de Dios"** (**Romanos 3:23**). La única justicia que un Creyente puede afirmar que posee es la que recibió al aceptar el poder del Cristo resucitado.

Considerando que todos tenemos imperfecciones, deberíamos pensar cómo nos gustaría que nuestros hermanos y hermanas nos trataran si fuéramos atrapados en un asunto delicado. ¿Nos gustaría que nos arrojaran piedras y nos condenaran, o preferiríamos que nos extendieran misericordia tal como Jesús la extendió a la mujer sorprendida en adulterio?

2. Comprendamos el Verdadero Proceso del Arrepentimiento – Muchos creen que el "arrepentimiento" significa que una persona se siente culpable por sus errores. Algunas personas también suponen que el arrepentimiento debe ocurrir de manera instantánea o de la noche a la mañana. Pero el significado y el proceso del arrepentimiento son mucho más profundos y requieren tiempo. El arrepentimiento significa alejarse del pensamiento o comportamiento dañino y regresar a un lugar espiritual elevado. El arrepentimiento debe inspirarnos a cambiar nuestro pensamiento y comportamiento para que reflejen nuestras posiciones como Hijos e Hijas de Dios y representantes de Su Reino.

Incluso después que una persona se ha arrepentido de sus errores, algunos individuos con actitud religiosa aún pueden buscar la forma de acusar y condenar a esa persona por sus acciones. Pueden examinar la conducta del individuo porque no ven el cambio que ha ocurrido en el corazón de la persona. El hecho de que no se puedan ver los cambios con el ojo físico no significa que la persona no haya hecho las paces con Dios. El Señor perdona en el mismo momento en el que la persona confiesa y se arrepiente de sus errores, y hace un compromiso genuino para cambiar su manera de pensar y de vivir:

9 que si confesares con tu boca que Jesús es el Señor, y creyeres en tu corazón que Dios le levantó de los muertos, serás salvo.
10 Porque con el corazón se cree para justicia, pero con la boca se confiesa para salvación.
11 Pues la Escritura dice: Todo aquel que en él creyere, no será avergonzado.
12 Porque no hay diferencia entre judío y griego, pues el mismo que es Señor de todos, es rico para con todos los que le invocan;
13 porque todo aquel que invocare el nombre del Señor, será salvo. (Romanos 10:9-13)

Aquellos de nosotros que entendemos el valor del perdón y la misericordia de Dios no solo debemos apoyar a nuestros hermanos y hermanas a través de su proceso de arrepentimiento, sino que todos nosotros también debemos tomar en serio nuestros momentos de arrepentimiento. Por favor, no se equivoque, la disposición de Jesús para perdonar no nos da permiso de hacer lo que nos guste ni de sacar ventaja de la gracia de Dios. Podemos enfrentar muchas tentaciones e incluso caer en el camino, pero debemos continuar esforzándonos por vivir de manera que agrade a Dios y considerar siempre las posibles consecuencias de nuestras acciones:

16 Porque siete veces cae el justo, y vuelve a levantarse;
Mas los impíos caerán en el mal.
17 Cuando cayere tu enemigo, no te regocijes,
Y cuando tropezare, no se alegre tu corazón;
18 No sea que Jehová lo mire, y le desagrade,
Y aparte de sobre él su enojo. (Proverbios 24:16-18)

24 Los pecados de algunos hombres se hacen patentes antes que ellos vengan a juicio, mas a otros se les descubren después.
25 Asimismo se hacen manifiestas las buenas obras; y las que son de otra manera, no pueden permanecer ocultas. (I Timoteo 5:24-25)

Nuestros cuerpos físicos aún tienen problemas con los apetitos naturales y desean saciar los deseos que no están en armonía con el Espíritu de Dios. Sin embargo, si continuamos alimentando nuestras almas con la Palabra de Dios, serán tan fuertes que podremos vencer esos deseos, y obtendremos sabiduría para evitar situaciones que podrían hacernos tropezar:

15 Porque lo que hago, no lo entiendo; pues no hago lo que quiero, sino lo que aborrezco, eso hago.

16 Y si lo que no quiero, esto hago, apruebo que la ley es buena.
17 De manera que ya no soy yo quien hace aquello, sino el pecado que mora en mí.
18 Y yo sé que en mí, esto es, en mi carne, no mora el bien; porque el querer el bien está en mí, pero no el hacerlo.
19 Porque no hago el bien que quiero, sino el mal que no quiero, eso hago.
20 Y si hago lo que no quiero, ya no lo hago yo, sino el pecado que mora en mí. (Romanos 7:15-20)

11 Y él mismo constituyó a unos, Apóstoles; a otros, profetas; a otros, evangelistas; a otros, pastores y maestros,
12 a fin de perfeccionar a los santos para la obra del ministerio, para la edificación del cuerpo de Cristo. (Efesios 4:11-12)

Desafortunadamente, el problema con algunos de nosotros es que adoptamos con entusiasmo las enseñanzas del Reino por un tiempo, pero cuando vivir la vida transformada se torna difícil, nuestra fe se desvanece, nos frustramos, y retrocedemos a nuestras viejas costumbres. Alentémonos unos a otros para no darnos por vencidos o considerarnos fracasados. En lugar de deslizarnos hacia atrás, deberíamos *deslizarnos hacia adelante: al Reino.*

3. Aceptemos el Perdón de Dios hacia los Demás – Al restaurar a nuestros hermanos y hermanas, debemos aceptar que han recibido el perdón de Dios. Si miramos a nuestros hermanos y hermanas con ojos espirituales, entonces podemos reconocer que cualquiera que cree en el sacrificio de Jesús por los seres humanos es perfecto. Por perfecto, me refiero a su espíritu. Su espíritu es recto y santo a los ojos de Dios. El pecado y la imperfección ya no son barreras para su conexión con Dios. Todas las faltas de la persona son perdonadas, y su espíritu es sin mancha o defecto. El cuerpo puede tener imperfecciones, pero el hombre interior (el espíritu) ahora es puro. Dios no ve a la persona a la sombra de sus errores; Él los ve a la luz de Su perdón. ¿Se da cuenta de la magnitud de este milagro?

7 La ley de Jehová es perfecta, que convierte el alma. (Salmos 19:7a)

1 Justificados, pues, por la fe, tenemos paz para con Dios por medio de nuestro Señor Jesucristo;
2 por quien también tenemos entrada por la fe a esta gracia en la cual estamos firmes, y nos gloriamos en la esperanza de la gloria de Dios. (Romanos 5:1-2)

20 Con Cristo estoy juntamente crucificado, y ya no vivo yo, mas vive Cristo en mí; y lo que ahora vivo en la carne, lo vivo en la fe del Hijo de Dios, el cual me amó y se entregó a sí mismo por mí. (Gálatas 2:20)

4. Restauremos Sin Condenar — Cuando condenamos a otros, los juzgamos y los marcamos permanentemente en base a sus acciones. Por lo general, cuando juzgamos a los demás, solo estamos evaluando lo que vemos en la superficie. Esa forma de juzgar puede ser aceptable en los sistemas de justicia humana, pero en el Reino de Dios, no nos corresponde juzgar las acciones de los demás. Jesús ve más allá de lo externo. Él conoce los pensamientos de todos y los motivos que influyen en nuestras decisiones:

> *1 No juzguéis, para que no seáis juzgados.*
> *2 Porque con el juicio con que juzgáis, seréis juzgados, y con la medida con que medís, os será medido.*
> *3 ¿Y por qué miras la paja que está en el ojo de tu hermano, y no echas de ver la viga que está en tu propio ojo?*
> *4 ¿O cómo dirás a tu hermano: Déjame sacar la paja de tu ojo, y he aquí la viga en el ojo tuyo?*
> *5 ¡Hipócrita! saca primero la viga de tu propio ojo, y entonces verás bien para sacar la paja del ojo de tu hermano. (Mateo7:1-5)*

El Señor dice que si somos parte de Su Reino, debemos ser maduros al tratar con aquellos que han tropezado o que van caminando por un sendero diferente. Deberíamos ser humildes en nuestro esfuerzo por guiarlos hacia el camino del Reino:

> *19 Hermanos, si alguno de entre vosotros se ha extraviado de la verdad, y alguno le hace volver,*
> *20 sepa que el que haga volver al pecador del error de su camino, salvará de muerte un alma, y cubrirá multitud de pecados (Santiago 5:19-20).*

> *2 Sobrellevad los unos las cargas de los otros, y cumplid así la ley de Cristo.*
> *3 Porque el que se cree ser algo, no siendo nada, a sí mismo se engaña.*
> *4 Así que, cada uno someta a prueba su propia obra, y entonces tendrá motivo de gloriarse sólo respecto de sí mismo, y no en otro;*
> *5 porque cada uno llevará su propia carga. (Gálatas 6:2-5)*

Dios es muy claro en Su Palabra en cuanto a este asunto de restaurar sin condenar. La condenación a una persona le hace más daño que bien. *La restauración pierde su significado si lastimamos a la persona que ha hecho mal*. La restauración de un hermano o hermana requiere madurez espiritual. Irónicamente, cuando un hermano o hermana cae, no solo revela su debilidad sino también el nivel de madurez espiritual de aquellos que buscan restaurar a esa persona. No todos tienen la madurez para ayudar a alguien que ha caído. Muchos deben abstenerse y no intentar hacerlo porque pueden terminar causando un mayor daño, especialmente aquellos que tienen una mentalidad religiosa. El lenguaje de una persona religiosa tiende a ser muy severo y sentencioso: "*Prepárese*", dicen, "*el error que ha cometido le costará muy caro. Las consecuencias de sus errores son inevitables. Dios lo va a castigar*". Ese tipo de lenguaje y enfoque no agrada a Dios. Debemos aprender de las palabras de Jesús cuando dijo a la mujer sorprendida en adulterio, "**Ni yo te condeno; vete y no peques más**" (**Juan 8:11b**).

El Apóstol Pablo enfatizó a las iglesias en Galacia que aquellos que restauran a otros deben ser "espirituales" (**Gálatas 6:1**). Un hombre espiritual le dice a quien cometió la falla: "*Fuiste engañado, cometiste un error, pero aún eres un hijo de Dios. Dios sigue siendo tu Padre. Dios te ama, pero no aprueba tu comportamiento incorrecto. Dios espera que crezcas y seas una persona madura en el Reino.*"

También debo aclarar otro asunto. Algunos de nosotros pudiéramos no ser lo suficientemente maduros para restaurar a otra persona porque no somos discretos. Cuando restauramos a alguien, no debemos compartir los problemas de esa persona con los demás. ¡Debemos llevarnos la confesión en confianza de esa persona a la tumba! La discreción es una señal de un ministro de Dios que tiene madurez.

Si usted ha vencido los desafíos en el pasado, si es maduro en la Palabra y está arraigado en las enseñanzas del Reino, si comprende cómo Jesús trató a los que cometieron errores, y si sabe cómo amar sin condenar, entonces debe estar disponible para apoyar a sus hermanos o hermanas cuando caigan.

5. La Restauración Es un Acto de Amor – Restaurar sin condenar requiere que actuemos desde una posición de amor. El amor es lo que movió a Jesús a perdonar a aquellos con quienes se encontró:

> *28 Acercándose uno de los escribas, que los había oído disputar, y sabía que les había respondido bien, le preguntó: ¿Cuál es el primer mandamiento de todos?*

29 Jesús le respondió: El primer mandamiento de todos es: Oye, Israel; el Señor nuestro Dios, el Señor uno es.

30 Y amarás al Señor tu Dios con todo tu corazón, y con toda tu alma, y con toda tu mente y con todas tus fuerzas. Este es el principal mandamiento.

31 Y el segundo es semejante: Amarás a tu prójimo como a ti mismo. No hay otro mandamiento mayor que éstos. (Marcos 12:28-31)

20 Si alguno dice: Yo amo a Dios, y aborrece a su hermano, es mentiroso. Pues el que no ama a su hermano a quien ha visto, ¿cómo puede amar a Dios a quien no ha visto? (I Juan 4:20)

Nuestro amor por los demás debería llevarnos a proteger en lugar de exponer a aquellos que cometieron un error. El Apóstol Pedro, en su Primera Epístola a los Creyentes de la Iglesia primitiva, declara: **"Y ante todo, tened entre vosotros ferviente amor; porque el amor cubrirá multitud de pecados"** (1 Pedro 4:8).

El amor no busca oportunidades para fastidiar a una persona recordándole sus errores. En su lugar, el amor ve más allá de los errores de una persona y permite que el individuo tenga un nuevo comienzo. El **Libro de 1 Corintios**, que contiene uno de los más grandes pasajes sobre las características del Amor, afirma, **"el amor… no hace nada indebido, no busca lo suyo, no se irrita, no guarda rencor"** (1 Corintios 13:5).

El amor es el combustible que nos empoderará para mostrar la compasión y extender el apoyo a nuestros hermanos y hermanas cuando tropiecen. El amor nos dará la sabiduría para guiarlos suavemente hacia el camino del Reino. Aprendamos de la compasión y misericordia de Jesús hacia aquellos que flaquean. Aprendamos de la justicia y el amor que Jesús demostró mientras estuvo en la Tierra. Jesús enseña que amar a Dios y ser sensible a las necesidades de los demás es cumplir el mayor de los mandamientos que se encuentran en las Escrituras:

37 Jesús le dijo: Amarás al Señor tu Dios con todo tu corazón, y con toda tu alma, y con toda tu mente.

38 Este es el primero y grande mandamiento.

39 Y el segundo es semejante: Amarás a tu prójimo como a ti mismo. (Mateo 22:37-39)

REFLEXIÓN DEL REINO

Jesús es nuestro ejemplo de cómo restaurar a nuestros hermanos y hermanas. Él siempre mostró compasión y amor a aquellos que necesitaban perdón. Cuando nos enfrentamos a la oportunidad de condenar a alguien por sus errores, debemos recordar las instancias en las que Dios nos perdonó y nos restauró. También debemos reconocer que todos somos vulnerables a las mismas tentaciones de nuestros hermanos y hermanas. Sus luchas deberían despertar un profundo sentido de compasión dentro de nosotros.

Al apoyar a nuestros hermanos y hermanas a través de su tiempo de restauración, debemos tratarlos con un espíritu de humildad al tener en cuenta nuestra propia experiencia de arrepentimiento del estilo de vida que llevábamos y que no era agradable a Dios. También debemos valorar la gracia que Dios nos muestra al no volver a nuestras viejas costumbres. ¡Los Ciudadanos maduros del Reino no subestimamos que somos santos, perfectos y justos solo por Jesucristo!

DESAFÍO DEL REINO

¿Cómo responde usted típicamente a aquellos que cometen errores? ¿Cómo se responde a usted mismo? Pídale a Dios que le muestre cómo ser compasivo cuando usted u otros tropiezan:

12 Así hablad, y así haced, como los que habéis de ser juzgados por la ley de la libertad.
13 Porque juicio sin misericordia se hará con aquel que no hiciere misericordia; y la misericordia triunfa sobre el juicio. (Santiago 2:12-13)

Capítulo 10
APRENDIENDO A SERVIR

Una de las más grandes lecciones que podemos **aprender de Jesús** es servir a la humanidad. El cielo nos recompensa cuando servimos con los motivos correctos y cuando mostramos generosidad a los demás.

En este capítulo, aprenderemos:

- Cómo servir a los demás con nuestros dones y posesiones
- Cómo servir a otros con el mensaje del Reino
- Cómo servir con actitud piadosa y motivación correcta

JESÚS: EL MÁS GRANDE SERVIDOR

El Hijo de Dios dejó el Cielo y vino a la Tierra para ofrecer al hombre una mejor existencia. Podría haberse quedado en el Cielo mientras la humanidad languidecía en su separación de Dios. En cambio, Él eligió venir y sacrificar Su vida para que toda la creación de Dios pudiera experimentar la belleza de ser parte de Su Reino. Esencialmente, el Hijo de Dios dejó el Cielo para *servir* a la humanidad:

27 y el que quiera ser el primero entre vosotros será vuestro siervo;
28 como el Hijo del Hombre no vino para ser servido, sino para servir, y para dar su vida en rescate por muchos. (Mateo 20:27-28)

5 Haya, pues, en vosotros este sentir que hubo también en Cristo Jesús,
6 el cual, siendo en forma de Dios, no estimó el ser igual a Dios como cosa a que aferrarse,
7 sino que se despojó a sí mismo, tomando forma de siervo, hecho semejante a los hombres. (Filipenses 2:5-7)

En nuestro compromiso de **aprender de Jesús**, debemos seguir Su ejemplo de servir a los necesitados. Jesús enseña: "**Llevad mi yugo sobre vosotros, y aprended de mí, que soy manso y humilde de corazón; y hallaréis descanso para vuestras almas**" (Mateo 11:29). Debido a que Jesús ya no está físicamente en la Tierra, aquellos de nosotros que somos Creyentes somos estimulados a funcionar como Sus representantes terrenales. Por lo tanto, si alguien necesita ver un reflejo del amor y la compasión de Jesús por la humanidad, entonces esa persona debiera observar las actitudes y la conducta de los Creyentes.

Los embajadores del Reino representan los intereses del Rey. Para Jesús, el *servicio* tiene una importancia primordial. De hecho, el servicio es tan importante para Jesús que lo declara como el camino para que un discípulo alcance la grandeza en el Reino:

> *25 Entonces Jesús, llamándolos, dijo: Sabéis que los gobernantes de las naciones se enseñorean de ellas, y los que son grandes ejercen sobre ellas potestad.*
> *26 Mas entre vosotros no será así, sino que el que quiera hacerse grande entre vosotros será vuestro servidor,*
> *27 y el que quiera ser el primero entre vosotros será vuestro siervo;*
> *28 como el Hijo del Hombre no vino para ser servido, sino para servir, y para dar su vida en rescate por muchos. (Mateo 20:25-28)*

> *46 Entonces entraron en discusión sobre quién de ellos sería el mayor.*
> *47 Y Jesús, percibiendo los pensamientos de sus corazones, tomó a un niño y lo puso junto a sí,*
> *48 y les dijo: Cualquiera que reciba a este niño en mi nombre, a mí me recibe; y cualquiera que me recibe a mí, recibe al que me envió; porque el que es más pequeño entre todos vosotros, ése es el más grande (Lucas 9:46-48)*

La Escritura no es específica sobre qué fue lo provocó la discusión entre los discípulos o por qué estaban compitiendo para ser el "mayor" en su grupo. Jesús abordó el asunto, sin discutir los méritos de cada uno, sino enseñándoles el estándar de grandeza del Reino: servir a Dios y servir al prójimo.

SIRVIENDO CON NUESTROS DONES

Uno de los beneficios más emocionantes de ser un Ciudadano del Reino es que cada uno de nosotros puede servir en una capacidad única. Dios diseñó a cada ser humano con un don o talento específico que puede impactar la vida de los demás. Es por eso que en el Capítulo 3, *"Aprendiendo el Reino de Dios"*, discutí la importancia de que cada Creyente comprenda su identidad y propósito. Saber quién es y conocer su propósito lo ayudará a encontrar maneras de servir a los demás.

En su libro *Redescubriendo el Reino*, el Dr. Myles Munroe se refiere a los Ciudadanos del Reino como siervos y reyes que están equipados para realizar una asignación específica en la Tierra:

> *El Reino de Dios es el único Reino en el que cada ciudadano es designado rey. Su regencia no se trata de personas, sino de un área específica de dones. Es por eso que a Jesús se lo conoce como el Rey de reyes y Señor de señores. Somos reyes que servimos al mundo con el don que Dios nos dado.*[1]

Un Ciudadano del Reino de Dios es importante no porque tenga un cierto título o un don en particular, sino porque Dios le confió a esa persona el uso de sus dones para guiar a otros al Reino. Cada rol en el Reino tiene su valor. A veces podemos cometer el error de comparar o asignar niveles de importancia a ciertos dones en el Reino. La verdad del asunto es que todos podemos ser #1 en el Reino al destacar en lo que Dios nos ha asignado a cada uno y al usar nuestros dones para beneficiar las vidas de los demás.

SIRVIENDO CON EL MOTIVO CORRECTO

Durante Su ministerio, Jesús se propuso declarar que vino a la tierra para hacer la voluntad de Su padre. Su motivo para ayudar a las personas no era labrarse un nombre ni promocionar una agenda personal; en cambio, era para cumplir Su propósito de restaurar el Reino de Dios en la Tierra.

Cuando Jesús realizaba milagros, instruía a aquellos a quienes ayudaba a no llamar la atención sobre el incidente. Él deseaba obedecer la voluntad de Dios y atribuir toda la gloria a Su Padre. Un ejemplo notable de esto es la historia de Jairo, un principal de la sinagoga cuya hija se había enfermado. Jairo fue a Jesús para solicitar la sanidad de su hija, pero ella murió mientras él y Jesús estaban camino a su casa. Cuando finalmente llegaron, una multitud los saludó. Estoy seguro de que esperaban que Jesús sanara a la niña públicamente; sin embargo, Jesús hizo exactamente lo contrario. Eligió manejar el asunto a puerta cerrada en lugar de hacerlo a la vista del público:

49 Estaba hablando aún, cuando vino uno de casa del principal de la sinagoga a decirle: Tu hija ha muerto; no molestes más al Maestro.
50 Oyéndolo Jesús, le respondió: No temas; cree solamente, y será salva.
51 Entrando en la casa, no dejó entrar a nadie consigo, sino a Pedro, a Jacobo, a Juan, y al padre y a la madre de la niña.
52 Y lloraban todos y hacían lamentación por ella. Pero él dijo: No lloréis; no está muerta, sino que duerme. (Lucas 8:49-52)

Jesús restringió el número de personas que podían entrar a la casa porque solo le interesaba servir a las necesidades de la familia. No tenía interés en entretener e impresionar a la multitud con Su poder.

Lucas 8:55-56 confirma que la única motivación de Jesús era hacer la voluntad de Su Padre con respecto a la niña y su familia:

55 Entonces su espíritu volvió, e inmediatamente se levantó; y él mandó que se le diese de comer.
56 Y sus padres estaban atónitos; pero Jesús les mandó que a nadie dijesen lo que había sucedido. (Lucas 8:55-56)

Observe lo que hizo Jesús después de que la niña se despertó: Él ordenó a los padres que alimentaran a la niña. También les dijo que no discutieran su sanidad con nadie. La atención de Jesús estaba centrada al 100% en el bienestar de la niña. Él pudo haber salido a la multitud y anunciar: "*Realicé el milagro. ¡La levanté de entre los muertos! Y, por cierto, Yo soy el Hijo de Dios.*" Jesús pudo haber manifestado una actitud de importancia personal, pero se negó a explotar la oportunidad de jactarse de sí mismo. El propósito del milagro era cumplir la voluntad de Dios y dar gloria a Su Padre.

Si ese mismo incidente ocurriera en los tiempos modernos, el escenario sería completamente distinto. Imagínese por un momento que alguien trajera un niño con una enfermedad terminal a la iglesia para que oráramos por él. ¿Qué pasaría si oráramos y el niño recibiera el milagro de sanidad? ¿Qué es lo primero que haríamos? En la sociedad actual, como estamos tan acostumbrados a publicar algo extraordinario, probablemente nos pondríamos en contacto con todas las cadenas de noticias y las redes sociales para anunciar el milagro a todo el mundo. Diríamos, "¡llamemos a una conferencia de prensa para que el niño pueda dar su testimonio!" Pero, ¿qué le sucedería al niño? ¿Abandonaríamos sus necesidades y pondríamos toda nuestra atención en promover y sacar provecho del milagro? Ante la presencia de un fenómeno tan grande, ¿el bienestar del niño ocuparía el segundo lugar?

Necesitamos ser conscientes de lo que a Jesús le importa. Nuestra motivación para servir no debería ser recibir los elogios de las personas, sino elevar espiritualmente a los demás. Cuando elegimos promover y publicitar nuestras obras para obtener la validación de los demás, es una señal de que no sabemos quiénes somos en el Reino y que no reconocemos el valor de nuestro servicio a los ojos de Dios:

> *10 Cada uno según el don que ha recibido, minístrelo a los otros, como buenos administradores de la multiforme gracia de Dios.*
> *11 Si alguno habla, hable conforme a las palabras de Dios; si alguno ministra, ministre conforme al poder que Dios da, para que en todo sea Dios glorificado por Jesucristo, a quien pertenecen la gloria y el imperio por los siglos de los siglos. Amén. (I Pedro 4:10-11)*

Debemos preguntarnos si nuestro objetivo es dedicar nuestros dones al servicio del Señor o al de nuestros propios intereses. Al igual que Jesús, nuestra máxima motivación para el servicio no debe ser ganar popularidad o distinción a los ojos de los hombres, sino más bien usar nuestros dones para honrar a Dios y ayudar a los demás. La Palabra de Dios nos alienta: "**Y todo lo que hacéis, sea de palabra o de hecho, hacedlo todo en el nombre del Señor Jesús, dando gracias a Dios Padre por medio de él**" (Colosenses 3:17). **Aprendamos de Jesús** y sirvamos con los motivos correctos.

SIRVIENDO POR MEDIO DE NUESTRO MENSAJE

La gran comisión de Jesús a los discípulos fue que llevaran el mensaje del Reino al mundo. Incluso después de Su resurrección, Jesús enfatizó a Sus discípulos, y específicamente a Pedro, la importancia de compartir Sus palabras con otros:

> *15 Cuando hubieron comido, Jesús dijo a Simón Pedro: Simón, hijo de Jonás, ¿me amas más que éstos? Le respondió: Sí, Señor; tú sabes que te amo. Él le dijo: Apacienta mis corderos.*
> *16 Volvió a decirle la segunda vez: Simón, hijo de Jonás, ¿me amas? Pedro le respondió: Sí, Señor; tú sabes que te amo. Le dijo: Pastorea mis ovejas.*

17 Le dijo la tercera vez: Simón, hijo de Jonás, ¿me amas? Pedro se en-
tristeció de que le dijese la tercera vez: ¿Me amas? y le respondió: Señor,
tú lo sabes todo; tú sabes que te amo. Jesús le dijo: Apacienta mis ovejas.
(Juan 21:15-17)

Hay innumerables personas en el mundo que buscan una existencia con mayor significado. Saben que hay más para la vida, pero no saben cómo emprender el proceso de transformar sus vidas. Los Ciudadanos del Reino pueden ayudar a guiar a todos los que están perdidos a las profundas verdades del Reino.

Cuando las personas se acercan a nosotros para obtener respuestas a las preguntas de la vida, debemos estar listos para ofrecerles las enseñanzas de Jesús sobre el Reino. El Apóstol Pablo nos animó a estar preparados para compartir nuestro conocimiento de Jesús con los demás cuando dijo, **"Procura con diligencia presentarte a Dios aprobado, como obrero que no tiene de qué avergonzarse, que usa bien la palabra de verdad."** (2 Timoteo 2:15).

Si usted se disciplina todos los días para estudiar la Palabra de Dios, estará preparado para compartir el camino más seguro hacia la iluminación espiritual: **El Reino de Dios.**

Hace años, había un joven con un problema de drogas que vino a mí para recibir consejería. Él había luchado con su adicción durante años, y debido a esto, muchas personas decían que nunca la superaría. Decidí tomar un enfoque de sentido común para aconsejarlo. Le dije que Dios creó al hombre a Su imagen y que diseñó al hombre para dominar. Le dije que las drogas son fundamentalmente plantas y que él tenía el poder de dominar las plantas; y que las plantas no tenían dominio sobre él. ¡El joven estaba asombrado! No podía creer lo que yo le estaba diciendo. Dijo que nadie le había mostrado esa perspectiva para superar la adicción. Su alma respondió a mis palabras de ánimo, y el joven comenzó a experimentar el cambio. ¡Aplicó la Palabra de Dios a su vida y experimentó la libertad de su adicción!

Cualquiera que haya tenido un encuentro personal con Jesús puede ir a otros y compartir Su consuelo, libertad y salvación. Puede decir con toda autoridad: *"Ven, acompáñame, porque el Señor está conmigo. Voy a llevarte a un lugar donde aprenderás las palabras y la sabiduría de Jesús."*

Al compartir las enseñanzas de Jesús y el Reino, podemos ser una fuente de esperanza para aquellos que están luchando con cuestiones de gran significado espiritual y que desean una conexión con el Creador. Podemos darles LA RESPUESTA: EL MENSAJE DE JESÚS.

Nuestro trabajo es estudiar las palabras de Jesús, aprender de sus riquezas y compartirlas con aquellos que tienen hambre en su alma. ¡Ese es el Reino en acción! No deberíamos sentirnos confortables al saber que hay personas a nuestro alrededor que no tienen la revelación del Reino y que por lo tanto, luchan por mejorar sus vidas. Debemos hacer algo relevante por nuestros hermanos y hermanas con las enseñanzas que hemos aprendido

Cuando le damos a la gente el mensaje del Reino, podemos ayudarlos a visualizar una vida mejor. Las historias, parábolas, ilustraciones y enseñanzas de Jesús son las mejores lecciones que podemos presentar a los demás. Recuerde, Jesús dijo: "¡**Aprended de mí!**"

AYUDANDO A LOS QUE ESTÁN EN NECESIDAD

Los Ciudadanos del Reino deberían ayudar a los necesitados y sentir empatía con los que sufren: "**Así que, según tengamos oportunidad, hagamos bien a todos, y mayormente a los de la familia de la fe**" (Gálatas 6:10). Nuestro apoyo y generosidad hacia los demás pueden confirmar la existencia de Dios y Su amor por ellos.

El Apóstol Santiago dijo que la verdadera religión debe centrarse en las necesidades espirituales y físicas de una persona:

> *27 La religión pura y sin mácula delante de Dios el Padre es esta: Visitar a los huérfanos y a las viudas en sus tribulaciones, y guardarse sin mancha del mundo. (Santiago 1:27)*

El relato de Jesús alimentando a los 4,000 nos muestra que Él consideró las necesidades de las almas de las personas así como sus cuerpos. Durante tres días, hombres, mujeres y niños habían estado escuchando a Jesús enseñar, por lo que tuvo gran compasión de ellos. El último día de Su sermón, Jesús multiplicó siete panes pequeños y algunos peces para que la gente pudiera comer y tener suficiente energía para el regreso a sus casas. Él no permitió que ninguno de ellos se fuera con hambre:

1 En aquellos días, como había una gran multitud, y no tenían qué comer, Jesús llamó a sus discípulos, y les dijo:
2 Tengo compasión de la gente, porque ya hace tres días que están conmigo, y no tienen qué comer;
3 y si los enviare en ayunas a sus casas, se desmayarán en el camino, pues algunos de ellos han venido de lejos. (Marcos 8:1-3)

En esta Escritura, Jesús nos enseña la importancia de considerar a las personas de una manera integral. Por integral, me refiero a las necesidades del alma (mente y emociones), así como a las necesidades del cuerpo (alimento, refugio, vestimenta, etc.).

Así como Jesús compartió el pan y los peces de los discípulos con los 4,000, deberíamos estar dispuestos a servir a las personas con nuestros recursos y posesiones. Nuestros bienes materiales no son únicamente para nuestro consumo y placer; más bien, Dios nos bendice para que podamos compartir con los demás. Si tuviéramos que seleccionar un pasaje de las Escrituras que comunicara claramente la orden del Señor a que los Creyentes respondan y compartan con los necesitados, sería el siguiente:

35 Porque tuve hambre, y me disteis de comer; tuve sed, y me disteis de beber; fui forastero, y me recogisteis;
36 estuve desnudo, y me cubristeis; enfermo, y me visitasteis; en la cárcel, y vinisteis a mí.
37 Entonces los justos le responderán diciendo: Señor, ¿cuándo te vimos hambriento, y te sustentamos, o sediento, y te dimos de beber?
38 ¿Y cuándo te vimos forastero, y te recogimos, o desnudo, y te cubrimos?
39 ¿O cuándo te vimos enfermo, o en la cárcel, y vinimos a ti?
40 Y respondiendo el Rey, les dirá: De cierto os digo que en cuanto lo hicisteis a uno de estos mis hermanos más pequeños, a mí lo hicisteis. (Mateo 25:35-40)

Algunos de nosotros pudiéramos ser escépticos para ayudar a otros. Quizás ciertas personas en el pasado se aprovecharon de nuestra generosidad, y queremos protegernos para que eso no vuelva a ocurrir. Esta inclinación es comprensible. Siempre habrá personas que busquen sacar provecho de nuestra bondad, pero siempre podemos pedirle al Señor que nos dé sabiduría sobre cómo ayudar a quienes vienen a nosotros. No debemos permitir que las intenciones negativas de algunos nos impidan ser una bendición para aquellos que realmente lo necesitan.

Muchas veces, la gente ha venido a mi oficina en busca de ayuda, y les he dado comida o dinero de mi cartera. Imagino que algunos de ellos podrían haber usado el dinero para financiar sus adicciones; sin embargo, no permitiré que esos incidentes me impidan ayudar a otros en el futuro. Prefiero equivocarme del lado de la misericordia y la compasión, no del juicio. No quiero perder ninguna oportunidad de ayudar a alguien necesitado. Cuando ayudamos a otros, Dios **aumenta** nuestros recursos y nuestra capacidad para dar:

> *10 Y el que da semilla al que siembra, y pan al que come, proveerá y multiplicará vuestra sementera, y aumentará los frutos de vuestra justicia. (2 Corintios 9:10)*

Además de compartir nuestros bienes, nuestro cuidado por los demás también debe llevarnos a una acción responsable y solícita. Considere la historia del hombre paralítico:

> *4 Y como no podían acercarse a él a causa de la multitud, descubrieron el techo de donde estaba, y haciendo una abertura, bajaron el lecho en que yacía el paralítico.*
> *5 Al ver Jesús la fe de ellos, dijo al paralítico: Hijo, tus pecados te son perdonados.*
> *6 Estaban allí sentados algunos de los escribas, los cuales cavilaban en sus corazones:*
> *7 ¿Por qué habla éste así? Blasfemias dice. ¿Quién puede perdonar pecados, sino sólo Dios?*
> *8 Y conociendo luego Jesús en su espíritu que cavilaban de esta manera dentro de sí mismos, les dijo: ¿Por qué caviláis así en vuestros corazones?*
> *9 ¿Qué es más fácil, decir al paralítico: Tus pecados te son perdonados, o decirle: Levántate, toma tu lecho y anda?*
> *10 Pues para que sepáis que el Hijo del Hombre tiene potestad en la tierra para perdonar pecados (dijo al paralítico):*
> *11 A ti te digo: Levántate, toma tu lecho, y vete a tu casa.*
> *12 Entonces él se levantó en seguida, y tomando su lecho, salió delante de todos, de manera que todos se asombraron, y glorificaron a Dios, diciendo: Nunca hemos visto tal cosa (Marcos 2:4-12)*

Antes de que el hombre se encontrara con Jesús, me pregunto si alguno de los líderes religiosos habría hecho algo para ayudarlo. ¿Se habrían asegurado de que tuviera comida y agua todos los días? ¿Habrían atendido a alguna de sus necesidades? La Escritura no lo dice, pero revela que fue por la fe activa de los amigos del paralítico que el hombre fue presentado a Jesús, y al final recibió sanidad.

Debido a que había una multitud masiva rodeando la casa, los amigos del paralítico podrían haber decidido que era demasiado difícil llegar a Jesús. Podrían haberlo sentado fuera y esperar que Jesús lo mirara al salir de la casa. Sin embargo, sabían que la manera más segura para que su amigo recibiera la sanidad era llevarlo directamente a la presencia de Jesús. ¡No solo levantaron a su amigo hasta el techo, sino que también hicieron un hoyo para poder bajarlo al interior de la casa! ¿Se da cuenta de cuánta fuerza y determinación requería hacer eso?

Hay ocasiones en las que tenemos que ser como los amigos del hombre paralítico y hacer un esfuerzo adicional para ayudar a satisfacer las necesidades de los demás.

SIRVIENDO CON LA ACTITUD CORRECTA

El servicio es lo que usted ofrece con sus manos y lo que hace con un corazón compasivo. Cuánto más permita que el Reino transforme su vida, más demostrará una naturaleza piadosa. En el **Libro de Gálatas**, el Apóstol Pablo se refiere a la evidencia de poseer el carácter piadoso como el **Fruto del Espíritu**:

> 22 *Mas el fruto del Espíritu es amor, gozo, paz, paciencia, benignidad, bondad, fe,*
> 23 *mansedumbre, templanza; contra tales cosas no hay ley. (Gálatas 5:22-23)*

Nuestra conducta y actitud pueden afectar a otros. Quizás el mundo ha sido cruel con ellos, y necesitan saber que Dios los ama y los valora. Es posible que necesiten "alimentarse" de nuestro gozo, de nuestra longanimidad, y de nuestra paciencia. Demostrar el fruto del amor, el gozo, la bondad y la benignidad puede cambiar sus vidas para siempre.

¿Cómo se sienten los demás cuando se alejan de Su presencia? ¿Se van sintiéndose rechazados? ¿Dejan Su presencia sintiendo el amor y la aceptación de Dios? ¿Es una persona que los demás buscan debido al fruto que tiene, o la gente tiende a huir de usted debido a su mala actitud?

Como Ciudadanos del Reino, nuestras interacciones cotidianas con las personas son oportunidades para mostrar el amor de Jesús, incluso a aquellos que nos tratan con crueldad. En Argentina, tenemos un dicho para las personas que hacen declaraciones poco amables o despectivas acerca de nosotros. Decimos: "*Me están tirando tierra*". Bueno, en el Reino, cuando alguien "*tire tierra*" sobre nosotros, es una oportunidad para crecer. En lugar de sentirnos derrotados por la negatividad de los demás, deberíamos permitirnos ser una semilla del Reino. Cuando nos encontramos cubiertos de tierra (los insultos y las ofensas de los demás), debemos elegir crecer, abrirnos paso por esa tierra y convertirnos en un árbol que da buenos frutos. Deberíamos aprender a perdonar a quienes nos lastiman. Las enseñanzas y el ejemplo de Jesús pueden cambiar nuestra manera de pensar y nuestra actitud para que podamos responder correctamente a quienes nos maltratan. El fruto que producimos será una bendición para nuestras vidas y para las vidas de los demás.

LAS RECOMPENSAS DEL SERVICIO

Dios es muy claro en Su Palabra en cuanto a que Él recompensa a los que están comprometidos en servir a los demás. Las principales recompensas del servicio son el gozo, la paz y la satisfacción en nuestras almas:

25 Entonces Jesús, llamándolos, dijo: Sabéis que los gobernantes de las naciones se enseñorean de ellas, y los que son grandes ejercen sobre ellas potestad.
26 Mas entre vosotros no será así, sino que el que quiera hacerse grande entre vosotros será vuestro servidor,
27 y el que quiera ser el primero entre vosotros será vuestro siervo;
28 como el Hijo del Hombre no vino para ser servido, sino para servir, y para dar su vida en rescate por muchos. (Mateo 20:25-28)

26 Si alguno me sirve, sígame; y donde yo estuviere, allí también estará mi servidor. Si alguno me sirviere, mi Padre le honrará. (Juan 12:26)

58 Así que, hermanos míos amados, estad firmes y constantes, creciendo en la obra del Señor siempre, sabiendo que vuestro trabajo en el Señor no es en vano. (I Corintios 15:58)

Además de las bendiciones espirituales, el Señor también nos proporciona recompensas tangibles por nuestro servicio al Reino. Él puede traer prosperidad a nuestras vidas. Por prosperidad, no sólo me estoy refiriendo a las riquezas materiales; me refiero al bienestar integral de nuestras vidas — la prosperidad de la mente, del alma, de la familia, de las relaciones y de las finanzas:

> 8 Y poderoso es Dios para hacer que abunde en vosotros toda gracia, a fin de que, teniendo siempre en todas las cosas todo lo suficiente, abundéis para toda buena obra;
> 9 como está escrito: Repartió, dio a los pobres; Su justicia permanece para siempre.
> 10 Y el que da semilla al que siembra, y pan al que come, proveerá y multiplicará vuestra sementera, y aumentará los frutos de vuestra justicia,
> 11 para que estéis enriquecidos en todo para toda liberalidad, la cual produce por medio de nosotros acción de gracias a Dios.
> (2 Corintios 9:8-11)

Finalmente, nuestro deseo de servir debe ser mayor que nuestro deseo de recibir una recompensa. Incluso Jesús confirmó que servir a los demás era más gratificante que recibir beneficios personales

> 35 En todo os he enseñado que, trabajando así, se debe ayudar a los necesitados, y recordar las palabras del Señor Jesús, que dijo: Más bienaventurado es dar que recibir. (Hechos 20:35)

Si usted quiere ser grande en el Reino, sirva. Si quiere mayor gozo y satisfacción en su vida, considere el fruto que produce. Elija servir a los demás con sus dones y con un espíritu de alegría. Encontrará satisfacción por el bien que haga en el mundo.

REFLEXIÓN DEL REINO

Jesús enseña a los Creyentes a medir la verdadera grandeza con nuestra disposición a servir a los demás. Como Ciudadanos del Reino, siempre debemos estar preparados para servir. No solo podemos servir a otros al compartir nuestros dones únicos, nuestros recursos y nuestro mensaje del Reino, sino también al mostrar una actitud piadosa. Cuando estamos dispuestos, preparados e involucrados apasionadamente en el servicio, activamos los principios del Reino que traen recompensas espirituales y tangibles a nuestras vidas.

ACCIÓN DEL REINO

Los Creyentes no debemos enfocarnos en influenciar a los demás para que nos sirvan, más bien, deberíamos buscar oportunidades para servir a otros. Lo animo a que busque maneras de ayudar a los miembros de su familia, a sus compañeros de trabajo y a personas de su comunidad. Pídale al Señor que le revele cómo usted puede usar su vida de manera efectiva para bendecir y mejorar las vidas de los demás:

1 Guardaos de hacer vuestra justicia delante de los hombres, para ser vistos de ellos; de otra manera no tendréis recompensa de vuestro Padre que está en los cielos.

2 Cuando, pues, des limosna, no hagas tocar trompeta delante de ti, como hacen los hipócritas en las sinagogas y en las calles, para ser alabados por los hombres; de cierto os digo que ya tienen su recompensa.

3 Mas cuando tú des limosna, no sepa tu izquierda lo que hace tu derecha,

4 para que sea tu limosna en secreto; y tu Padre que ve en lo secreto te recompensará en público. (Mateo 6:1-4)

4 Ahora bien, hay diversidad de dones, pero el Espíritu es el mismo.

5 Y hay diversidad de ministerios, pero el Señor es el mismo.

6 Y hay diversidad de operaciones, pero Dios, que hace todas las cosas en todos, es el mismo. (I Corintios 12:4-6)

Capítulo 11

APRENDIENDO A IMPACTAR NUESTRO MUNDO

El impacto de Jesús en el mundo es incalculable. Él cumplió con éxito Su misión de restaurar el derecho por nacimiento del hombre al Reino y el acceso a Dios, el Padre. El mundo nunca más volvió a ser el mismo después que experimentó el ministerio revolucionario de Jesús:

> *16 Porque de tal manera amó Dios al mundo, que ha dado a su Hijo unigénito, para que todo aquel que en él cree, no se pierda, mas tenga vida eterna.*
> *17 Porque no envió Dios a su Hijo al mundo para condenar al mundo, sino para que el mundo sea salvo por él. (Juan 3:16-17)*

Así como Jesús dedicó Su tiempo en la Tierra para avanzar el Reino de Dios, nosotros, como Ciudadanos, podemos dejar una huella en el mundo al continuar Su trabajo en el Reino.

En este capítulo, aprenderemos:

- Cómo aplicar los principios del Reino para generar cambios positivos en nuestras familias, comunidades y naciones
- Cómo promover la unidad dentro de nuestra sociedad
- Cómo influir en las generaciones futuras con el mensaje del Reino

UN REINO PARA TODOS: PROMOVIENDO LA UNIDAD

A lo largo de la historia, las personas han tenido conflictos sobre ideologías políticas, económicas y religiosas. Estas disputas incluso han llevado a guerras que han durado por generaciones. A pesar de los desacuerdos, las hostilidades y las divisiones de la humanidad, Jesús vino a la Tierra para traer reconciliación y unidad. Él vino a reconciliar a la humanidad con Dios y a reconciliar a los hombres y las mujeres unos con otros en el Reino:

> *20 Mas no ruego solamente por éstos, sino también por los que han de creer en mí por la palabra de ellos,*
> *21 para que todos sean uno; como tú, oh Padre, en mí, y yo en ti, que también ellos sean uno en nosotros; para que el mundo crea que tú me enviaste.*
> *22 La gloria que me diste, yo les he dado, para que sean uno, así como nosotros somos uno.*
> *23 Yo en ellos, y tú en mí, para que sean perfectos en unidad, para que el mundo conozca que tú me enviaste, y que los has amado a ellos como también a mí me has amado. (Juan 17:20-23)*

Cuando Jesús vino a la Tierra, varios grupos tenían desacuerdos religiosos y étnicos. Los judíos no adoraban con los samaritanos ni se asociaban ni adoraban con otros que no fueran judíos. Los fariseos y los saduceos (los líderes religiosos de esa época) también tenían divisiones y debates doctrinales. Jesús no permitió que las disputas culturales, étnicas o religiosas influyeran en Su ministerio. En cambio, se centró en reunir a las personas en el redil de Su Reino. *Jesús no promovió la discriminación ni la religión; Él promovió la invitación y el acceso al Reino:*

> *18 Y todo esto proviene de Dios, quien nos reconcilió consigo mismo por Cristo, y nos dio el ministerio de la reconciliación;*
> *19 que Dios estaba en Cristo reconciliando consigo al mundo, no tomándoles en cuenta a los hombres sus pecados, y nos encargó a nosotros la palabra de la reconciliación.*
> *20 Así que, somos embajadores en nombre de Cristo, como si Dios rogase por medio de nosotros; os rogamos en nombre de Cristo: Reconciliaos con Dios. (2 Corintios 5:18-20)*

A diferencia de ciertos sistemas del los hombres, no hay discriminación racial, de género, económica o de otro tipo en el Reino de Dios. Todos los beneficios del Reino, ya sea riqueza, educación, salud o dominio, están disponibles para TODOS sus Ciudadanos que viven según sus principios.

Cuando el Apóstol Pablo enseñó a los judíos acerca de la igualdad de los gentiles en Jesús, suscitó mucha discusión. No entendieron que el Reino no animaba a las personas a adoptar actitudes prejuiciosas. Los judíos estaban perplejos de que Pablo incluyera a los gentiles en el plan de salvación de Dios porque se consideraban a sí mismos como elegidos de Dios (porque eran descendientes de Abraham). Sin embargo, Pablo enseñó que Jesús borró las líneas divisorias cuando presentó el Reino. La salvación estaba disponible para todos:

> 28 Sabed, pues, que a los gentiles es enviada esta salvación de Dios; y ellos oirán.
> 29 Y cuando hubo dicho esto, los judíos se fueron, teniendo gran discusión entre sí.
> 30 Y Pablo permaneció dos años enteros en una casa alquilada, y recibía a todos los que a él venían,
> 31 predicando el reino de Dios y enseñando acerca del Señor Jesucristo, abiertamente y sin impedimento. (Hechos 28:28-31)

> 28 Ya no hay judío ni griego; no hay esclavo ni libre; no hay varón ni mujer; porque todos vosotros sois uno en Cristo Jesús. (Gálatas 3:28)

Así como algunos de los judíos que se mostraban renuentes en aceptar a los gentiles en la fe, ¿con qué frecuencia hacemos distinciones en cómo tratamos a las personas o rechazamos a otros debido a nuestros prejuicios raciales, sociales, económicos o culturales? ¿Con qué frecuencia les mostramos a ciertas personas más honor y estima debido a nuestras preferencias personales? ¿Qué le enseña este tipo de favoritismo y parcialidad al mundo sobre el Reino de Dios?

En la **Epístola de Santiago**, Él nos enseña a ser consistentes en la forma en que tratamos a los demás:

> 8 Si en verdad cumplís la ley real, conforme a la Escritura: Amarás a tu prójimo como a ti mismo, bien hacéis;
> 9 pero si hacéis acepción de personas, cometéis pecado, y quedáis convictos por la ley como transgresores. (Santiago 2:8-9)

Un espíritu de buena voluntad debería estimularnos a tratar a todas las personas con respeto, imparcialidad y amor. Nuestras diferencias deberían recordarnos que Dios le da a cada persona la oportunidad de acceder a Su Reino:

> 18 porque por medio de él los unos y los otros tenemos entrada por un mismo Espíritu al Padre.

19 Así que ya no sois extranjeros ni advenedizos, sino conciudadanos de los santos, y miembros de la familia de Dios. (Efesios 2:18-19)

En **Mateo 7:12**, encontramos la Regla de Oro: el principio fundamental sobre cómo tratar a los demás:

12 Así que, todas las cosas que queráis que los hombres hagan con vosotros, así también haced vosotros con ellos; porque esto es la ley y los profetas. (Mateo 7:12)

Un espíritu de unidad debe prevalecer entre todos los Creyentes, independientemente de nuestras diferencias:

1 ¡Mirad cuán bueno y cuán delicioso es
Habitar los hermanos juntos en armonía! (Salmos 133:1)

10 Os ruego, pues, hermanos, por el nombre de nuestro Señor Jesucristo, que habléis todos una misma cosa, y que no haya entre vosotros divisiones, sino que estéis perfectamente unidos en una misma mente y en un mismo parecer. (1 Corintios 1:10)

En el Reino de Dios, ya no hay judíos, mexicanos, argentinos, nicaragüenses, dominicanos ni ninguna otra nacionalidad. ¡Debido a Jesucristo y Su Reino, todos somos hermanos y hermanas por medio de Él! ¿Se da cuenta de cómo la práctica de los principios de reconciliación y unidad podría influir en la sociedad para lo mejor? Podríamos lograr más paz en nuestras comunidades, un aumento en las prácticas comerciales justas, y una mayor cooperación entre los partidos políticos que gobiernan nuestras naciones.

¿Cómo ve a sus vecinos en el Reino? ¿Elige asociarse con ellos o darles un cierto nivel de respeto basándose en su cultura, condición social, género o etnicidad? ¿Ve a todos como si fueran iguales en el Reino de Dios? **Aprender de Jesús** significa aprender a dar la bienvenida y abrazar a todos en el Reino.

IMPACTANDO A LAS NACIONES

En un mundo donde las naciones buscan usurpar, controlar e incluso destruirse unas a otras, nosotros, como Ciudadanos del Reino, podemos traer bendición a las naciones. Como hemos leído en capítulos anteriores, Jesús ordenó a los discípulos que influenciaran el mundo con las enseñanzas del Reino:

19 Por tanto, id, y haced discípulos a todas las naciones, bautizándolos en el nombre del Padre, y del Hijo, y del Espíritu Santo;
20 enseñándoles que guarden todas las cosas que os he mandado; y he aquí yo estoy con vosotros todos los días, hasta el fin del mundo. (Mateo 28:19-20)

Muchas organizaciones han usado esta escritura como la base para el trabajo misionero local e internacional. Y aunque estas organizaciones probablemente han sido una bendición para muchas personas en todo el mundo, a veces me pregunto si su trabajo incluía compartir el mensaje del Reino con las personas a las que servían.

Digo esto con cuidado (porque no es mi intención ofender a nadie), pero lo digo con mucha convicción: no deberíamos seguir invirtiendo recursos en programas y actividades que no tienen el objetivo de enseñar el Reino.

La comisión de Jesús a los Creyentes de compartir el mensaje del Reino tiene prioridad en nuestro ministerio en el Centro Diplomático. Nuestra congregación es parte de la Asociación Internacional de Líderes del Tercer Mundo (ITWLA, por sus siglas en inglés). Establecida por el Dr. Myles Munroe, la ITWLA es una asociación de Creyentes que se enfoca en tener un impacto mundial compartiendo las buenas noticias del Reino de Dios. Enfatizamos continuamente la importancia de enseñar lo que Jesús enseñó. Compartimos la opinión de que los Creyentes no deben seguir apoyando los esfuerzos misioneros que no tienen el objetivo de enseñar el mensaje del Reino.

IMPACTANDO SU MUNDO

Puede que no tenga la oportunidad de ser parte de una delegación o misión internacional, pero usted puede tener un impacto significativo en su nación a través de sus oraciones, su participación activa y la aplicación de los principios del Reino. Puede orar por sus líderes y legisladores, ayudar a mejorar su comunidad local, y participar en asuntos de importancia nacional. Si tiene un llamado al servicio público y una pasión por la política, ¿por qué no servir a su país de esa manera? Algunos funcionarios del gobierno no tienen conciencia de los principios justos y correctos de liderazgo y gobierno. Imagine el impacto que usted, un Ciudadano del Reino, podría tener al mostrar los principios del Reino mientras trabaja en una capacidad oficial del gobierno. **Proverbios 29:2a** dice, **"Cuando los justos dominan, el pueblo se alegra."**

Si recordamos la historia de José, notaremos que él es un excelente ejemplo de una persona que usa sus dones para servir a la sociedad. Cuando el Faraón designó a José como el segundo al mando, fueron los dones de interpretación de sueños y administración que Dios le había dado lo que le permitió preparar a Egipto para una hambruna generalizada. Debido a la conexión de José con Dios, no solo hubo suficiente grano para los ciudadanos de Egipto, sino que también hubo grano suficiente para abastecer a otras naciones:

> 55 Cuando se sintió el hambre en toda la tierra de Egipto, el pueblo clamó a Faraón por pan. Y dijo Faraón a todos los egipcios: Id a José, y haced lo que él os dijere.
> 56 Y el hambre estaba por toda la extensión del país. Entonces abrió José todo granero donde había, y vendía a los egipcios; porque había crecido el hambre en la tierra de Egipto.
> 57 Y de toda la tierra venían a Egipto para comprar de José, porque por toda la tierra había crecido el hambre. (Génesis 41:55-57)

Como dije en el Capítulo 8, viviríamos en un mundo muy diferente si los jefes de las naciones entraran al Reino de Dios. Los ciudadanos del mundo prosperarían y progresarían si los líderes tomaran decisiones basadas en los principios del Reino. El mandato de Jesús de que los Creyentes compartan el mensaje del Reino se vuelve mucho más relevante cuando consideramos cómo podría cambiar los corazones de aquellos que están en el poder y las vidas de las personas a las que gobiernan.

No tenemos que permanecer inactivos o insensibles a los problemas de injusticia u otras inquietudes sociales. Deberíamos involucrarnos en asuntos que afectan nuestras comunidades y nuestra nación. Entienda que no estoy sugiriendo que seamos combativos o disruptivos en nuestra participación, pero estoy alentándonos a que participemos. Podemos aplicar la sabiduría y los principios que hemos aprendido de Jesús y usarlos para generar paz en nuestros hogares, negocios, comunidades y naciones.

IMPACTANDO GENERACIONES

Nuestro trabajo en el Reino no solo debe enfocarse en impactar a la generación actual sino también en preparar a la próxima generación de Creyentes. Muchas iglesias tienen espléndidas herencias familiares con membresías que datan de muchas generaciones. Desafortunadamente, algunas de esas iglesias tienen fundamentos espirituales basados en los dogmas religiosos en lugar de los principios del Reino de Dios. Enseñan valores sólidos para una buena vida "cristiana" y se enfocan en la recompensa de ir al Cielo, pero nunca han presentado a sus congregaciones los conceptos de Ciudadanía del Reino y el llamado del Creyente para expandir el Reino en la Tierra. Lamentablemente, generaciones enteras han vivido sin ser expuestas al conocimiento del Reino.

Muchos ministerios han guiado mal a las personas con tradiciones y religiosidad, y ese error ha tenido un impacto negativo en el legado familiar de sus feligreses. A veces me siento avergonzado por todos los años en los que descuidé compartir el mensaje del Reino con mi congregación. Espero poder ayudar a corregir el error de las generaciones pasadas y asegurarme de que todas las personas a las que enseño escuchen el mensaje que Jesús presentó — **El Reino de Dios.**

Si quiere que el tiempo que pasa en la Tierra sea significativo, lo aliento a soltar las enseñanzas tradicionales y religiosas que no tienen ningún beneficio. Incluso si son principios que le han sido transmitidos a través de muchas generaciones en su iglesia o familia, por favor comprenda que son ineficaces si no lo llevan a usted y a su familia a experimentar la vida que Dios ha planificado para aquellos que son parte de Su Reino.

ENTRENANDO A NUESTROS NIÑOS

Enseñar el Reino es la única forma de levantar una generación con una sólida base espiritual. En el Centro Diplomático, estoy comprometido a entrenar a los niños para que sean discípulos jóvenes que usan su conocimiento del Reino para el mejoramiento de la sociedad. Esa es la misión de mi vida. No quiero ser un ministro que entretiene a las personas con reuniones y eventos que tienen poca significado. *¡Quiero entrenar, no entretener!*

Nunca me cansaré de enfatizar la verdad del Reino a las generaciones más jóvenes. Quiero que los jóvenes puedan reconocer las doctrinas erróneas de aquellos que enseñan la Palabra de maneras religiosas o que pudieran tratar de atraerlos con creencias que los alejen del Reino. Doy gracias a Dios por los jóvenes que entienden la diferencia entre la religión y los principios del Reino, y agradezco a Dios por los jóvenes que desean **aprender de Jesús** y Su mensaje.

El trabajo de Jesús en la Tierra incluyó ministrar a las necesidades de los niños:

> *14 Pero Jesús dijo: Dejad a los niños venir a mí, y no se lo impidáis; porque de los tales es el reino de los cielos. (Mateo 19:14)*

> *4 Y vosotros, padres, no provoquéis a ira a vuestros hijos, sino criadlos en disciplina y amonestación del Señor. (Efesios 6:4)*

Nunca es demasiado temprano o demasiado tarde para compartir el mensaje del Reino con los niños de nuestras familias y comunidades. Enseñarles los principios del Reino es la mayor inversión que podemos hacer en sus vidas.

Algunos de ustedes que son padres han estado orando fervientemente para que sus hijos adultos *entren* al Reino o para que sus hijos (que se han desviado) *regresen* al camino del Reino. Muchos de ustedes dedicaron a sus hijos al Señor cuando eran pequeños, pero es posible que ellos hayan elegido seguir un camino diferente. Le animo a que esté en paz. Ese hijo o hija puede perder temporalmente el interés en servir a Dios, o incluso considerar negar su fe, pero debe saber que cuando dedicó ese hijo o esa hija al Señor, usted registró esa dedicación en el Cielo. Con santo celo, Dios buscará a su hijo simplemente por la semilla de la Palabra que usted plantó dentro del corazón de ellos. Cuando Dios comienza un trabajo, Él lo perfecciona y termina:

> *6 Instruye al niño en su camino,*
> *Y aun cuando fuere viejo no se apartará de él. (Proverbios 22:6)*

> *6 estando persuadido de esto, que el que comenzó en vosotros la buena obra, la perfeccionará hasta el día de Jesucristo. (Filipenses 1:6)*

Algunos de ustedes que sirven al Señor hoy estuvieron en la misma posición que sus hijos. Tal vez en un tiempo se sentaron en una banca de la iglesia y oyeron las enseñanzas de la Palabra. Al principio, es posible que se hayan burlado o que hayan dudado de las enseñanzas de la Palabra de Dios o que tuvieran la actitud de estar escuchando conversaciones religiosas sin sentido. Sin embargo, eventualmente llegaron a entender que esas palabras contenían la semilla de la Vida. Y una vez que la semilla de la Palabra germinó en su alma, provocó hambre y sed de Dios. Esas mismas palabras de las que ustedes se burlaron y que ignoraron fueron las mismas palabras que los trajeron de regreso a Jesús y a Su Reino. La Palabra de Dios puede hacer lo mismo por sus hijos.

Padre o madre, siga **aprendiendo de Jesús**. Tenga descanso en su alma con respecto a sus hijos e hijas. Confíe en que Dios cumplirá Sus promesas. Si ha instruido a sus hijos en las verdades de Dios, sin importar las dificultades que enfrenten, tendrán la Palabra de Dios en sus corazones para guiarlos a los caminos de Dios y del Reino. No tema por sus hijos; la Palabra de Dios es su mejor escudo de protección.

Jesús está interesado en que los Creyentes recuperen el dominio y la vida abundante que el hombre perdió en el Huerto en Edén. Eso incluye la influencia que tenemos sobre nuestros niños y jóvenes. Podemos influir en los niños de nuestras familias y comunidades al *enseñar* el Reino y *vivir* el Reino. Deberíamos exhibir la excelencia e integridad del Reino en todo lo que hacemos. Necesitamos edificar hogares donde el mensaje del Reino sea el centro y la prioridad. Debemos ser respetuosos del tiempo de otras personas siendo puntuales, asegurándonos de llegar a tiempo a las reuniones del Reino con otros Creyentes, a las reuniones de negocios y a nuestros trabajos. Necesitamos extender la mano y ayudar a los necesitados, estudiar para ir más alto en el conocimiento de la Palabra, y dar a Dios lo mejor de nosotros. Necesitamos ser un genuino ejemplo del Reino. Las generaciones más jóvenes nos están mirando.

Si quiere que su vida tenga una verdadera trascendencia, le animo a que se comprometa fervientemente a **aprender de Jesús** y Su mensaje del Reino. Si quiere ser un gran hombre o mujer, entonces ofrezca a su familia una base sólida en los principios del Reino y comparta el mensaje del Reino con todos los jóvenes en su vida. Le aseguro que dejará un legado duradero. **Las generaciones futuras serán abundantemente bendecidas cuando elijamos enseñar a nuestros hijos a aprender de Jesús y de Su Reino.**

REFLEXIÓN DEL REINO

Tenemos el poder de impactar el mundo que nos rodea al compartir las buenas noticias del Reino. Podemos promover la unidad en el Reino al comprometernos con nuestros hermanos y hermanas basados en la Palabra de nuestro Creador, no en nuestros prejuicios y preferencias. También podemos afectar a las generaciones futuras de Creyentes dándoles a nuestros niños y familias una base sólida en los principios del Reino.

ACCIÓN DEL REINO

Como Ciudadanos del Reino, podemos tener una influencia positiva en nuestras familias, comunidades y naciones. Podemos demostrar el mensaje de Jesús y los principios del Reino en nuestras palabras, nuestro estilo de vida y nuestra interacción con los demás. Deberíamos entusiasmarnos por compartir nuestro testimonio como Creyentes y esforzarnos por no dejar a nadie fuera de la vida abundante del Reino.

Lo animo a que declare su compromiso de promover un cambio positivo en la sociedad y de compartir su fe con los demás. A continuación hay una declaración que hizo nuestra congregación durante una de nuestras reuniones. Espero que le ayude a mantenerse motivado en sus esfuerzos de influenciar su mundo para el Reino de Dios.

> *"Quiero ser alguien que ayude a los demás en todo momento. Deseo mantener los principios y las leyes de Dios conmigo siempre. Estudiaré. Me prepararé con la Palabra. Ayudaré a mis hermanos y hermanas, a mi comunidad y a todos los que pueda alcanzar para que más personas caminen en la verdad eterna. ¡Las ciudades, las comunidades, los estados y las naciones estarán llenos de la paz, el amor, la verdad y la abundancia de la sabiduría de Dios!"*

> **Sabiduría ante todo; adquiere sabiduría;**
> **Y sobre todas tus posesiones adquiere inteligencia. (Proverbios 4:7)**

UNA PALABRA FINAL DE ALIENTO

Apreciado Lector:

Espero que el tiempo que ha dedicado a leer este libro haya tenido un impacto positivo en su vida. Espero que las palabras del Rey Jesús, "**Aprended de Mí**", se hayan vuelto extremadamente importantes para el enfoque de su desarrollo espiritual. Es mi oración que usted pueda decir con confianza: *"¡Aprendí del mejor Maestro de todos!"*

Le animo a continuar buscando las enseñanzas del Rey Jesús y a compartir la sabiduría que Él le revela a usted con otras personas. Aquellos que dicen sí a las enseñanzas del Rey Jesús recibirán la mayor recompensa: **¡descanso para sus almas!**

El primer y el último mensaje que Jesús predicó fue que el Reino de Dios y el dominio que Él dio a hombres y mujeres están disponibles para todos. Ahora que ha llegado a esta página final, espero que pueda declarar a los cuatro vientos:

*"Soy un mejor Ciudadano del Reino de Dios porque **aprendí del Rey Jesús**. ¡Puedo hacer negocios, puedo prosperar, puedo disfrutar de buena salud y puedo vivir una vida feliz porque está disponible para mí!"*

Aprender del Rey Jesús es un compromiso de por vida. He incluido una lista de mis escrituras favoritas que me han ayudado a comprender el camino del Reino de Dios y a crecer en él.

Es mi oración que Dios continúe iluminándole en su viaje. ¡Nos vemos en la cima!

Su Amigo del Reino,
Dr. Walter Koch

ESCRITURAS PARA CRECER EN EL CONOCIMIENTO Y LA COMPRENSIÓN DEL REINO DE DIOS

Génesis 22:1-14

1 Aconteció después de estas cosas, que probó Dios a Abraham, y le dijo: Abraham. Y él respondió: Heme aquí.

2 Y dijo: Toma ahora tu hijo, tu único, Isaac, a quien amas, y vete a tierra de Moriah, y ofrécelo allí en holocausto sobre uno de los montes que yo te diré.

3 Y Abraham se levantó muy de mañana, y enalbardó su asno, y tomó consigo dos siervos suyos, y a Isaac su hijo; y cortó leña para el holocausto, y se levantó, y fue al lugar que Dios le dijo.

4 Al tercer día alzó Abraham sus ojos, y vio el lugar de lejos.

5 Entonces dijo Abraham a sus siervos: Esperad aquí con el asno, y yo y el muchacho iremos hasta allí y adoraremos, y volveremos a vosotros.

6 Y tomó Abraham la leña del holocausto, y la puso sobre Isaac su hijo, y él tomó en su mano el fuego y el cuchillo; y fueron ambos juntos.

7 Entonces habló Isaac a Abraham su padre, y dijo: Padre mío. Y él respondió: Heme aquí, mi hijo. Y él dijo: He aquí el fuego y la leña; mas ¿dónde está el cordero para el holocausto?

8 Y respondió Abraham: Dios se proveerá de cordero para el holocausto, hijo mío. E iban juntos.

9 Y cuando llegaron al lugar que Dios le había dicho, edificó allí Abraham un altar, y compuso la leña, y ató a Isaac su hijo, y lo puso en el altar sobre la leña.

10 Y extendió Abraham su mano y tomó el cuchillo para degollar a su hijo.

11 Entonces el ángel de Jehová le dio voces desde el cielo, y dijo: Abraham, Abraham. Y él respondió: Heme aquí.

12 Y dijo: No extiendas tu mano sobre el muchacho, ni le hagas nada; porque ya conozco que temes a Dios, por cuanto no me rehusaste tu hijo, tu único.

13 Entonces alzó Abraham sus ojos y miró, y he aquí a sus espaldas un carnero trabado en un zarzal por sus cuernos; y fue Abraham y tomó el carnero, y lo ofreció en holocausto en lugar de su hijo.

14 Y llamó Abraham el nombre de aquel lugar, Jehová proveerá. Por tanto se dice hoy: En el monte de Jehová será provisto

Jeremías 18:1-6

1 Palabra de Jehová que vino a Jeremías, diciendo:

2 Levántate y vete a casa del alfarero, y allí te haré oír mis palabras.

3 Y descendí a casa del alfarero, y he aquí que él trabajaba sobre la rueda.

4 Y la vasija de barro que él hacía se echó a perder en su mano; y volvió y la hizo otra vasija, según le pareció mejor hacerla.

5 Entonces vino a mí palabra de Jehová, diciendo:

6 ¿No podré yo hacer de vosotros como este alfarero, oh casa de Israel? dice Jehová. He aquí que como el barro en la mano del alfarero, así sois vosotros en mi mano, oh casa de Israel.

Jeremías 31:31-34

31 He aquí que vienen días, dice Jehová, en los cuales haré nuevo pacto con la casa de Israel y con la casa de Judá.

32 No como el pacto que hice con sus padres el día que tomé su mano para sacarlos de la tierra de Egipto; porque ellos invalidaron mi pacto, aunque fui yo un marido para ellos, dice Jehová.

33 Pero este es el pacto que haré con la casa de Israel después de aquellos días, dice Jehová: Daré mi ley en su mente, y la escribiré en su corazón; y yo seré a ellos por Dios, y ellos me serán por pueblo.

34 Y no enseñará más ninguno a su prójimo, ni ninguno a su hermano, diciendo: Conoce a Jehová; porque todos me conocerán, desde el más pequeño de ellos hasta el más grande, dice Jehová; porque perdonaré la maldad de ellos, y no me acordaré más de su pecado.

Mateo 6:25-33

25 Por tanto os digo: No os afanéis por vuestra vida, qué habéis de comer o qué habéis de beber; ni por vuestro cuerpo, qué habéis de vestir. ¿No es la vida más que el alimento, y el cuerpo más que el vestido?

26 Mirad las aves del cielo, que no siembran, ni siegan, ni recogen en graneros; y vuestro Padre celestial las alimenta. ¿No valéis vosotros mucho más que ellas?

27 ¿Y quién de vosotros podrá, por mucho que se afane, añadir a su estatura un codo?

28 Y por el vestido, ¿por qué os afanáis? Considerad los lirios del campo, cómo crecen: no trabajan ni hilan;

29 pero os digo, que ni aun Salomón con toda su gloria se vistió así como uno de ellos.

30 Y si la hierba del campo que hoy es, y mañana se echa en el horno, Dios la viste así, ¿no hará mucho más a vosotros, hombres de poca fe?

31 No os afanéis, pues, diciendo: ¿Qué comeremos, o qué beberemos, o qué vestiremos?

32 Porque los gentiles buscan todas estas cosas; pero vuestro Padre celestial sabe que tenéis necesidad de todas estas cosas.

33 Mas buscad primeramente el reino de Dios y su justicia, y todas estas cosas os serán añadidas.

Mateo 23:23-26

23 ¡Ay de vosotros, escribas y fariseos, hipócritas! porque diezmáis la menta y el eneldo y el comino, y dejáis lo más importante de la ley: la justicia, la misericordia y la fe. Esto era necesario hacer, sin dejar de hacer aquello.

24 ¡Guías ciegos, que coláis el mosquito, y tragáis el camello!

25 ¡Ay de vosotros, escribas y fariseos, hipócritas! porque limpiáis lo de fuera del vaso y del plato, pero por dentro estáis llenos de robo y de injusticia.

26 ¡Fariseo ciego! Limpia primero lo de dentro del vaso y del plato, para que también lo de fuera sea limpio.

Mateo 28:11-15

11 Mientras ellas iban, he aquí unos de la guardia fueron a la ciudad, y dieron aviso a los principales sacerdotes de todas las cosas que habían acontecido.

12 Y reunidos con los ancianos, y habido consejo, dieron mucho dinero a los soldados,

13 diciendo: Decid vosotros: Sus discípulos vinieron de noche, y lo hurtaron, estando nosotros dormidos.

14 Y si esto lo oyere el gobernador, nosotros le persuadiremos, y os pondremos a salvo.

15 Y ellos, tomando el dinero, hicieron como se les había instruido. Este dicho se ha divulgado entre los judíos hasta el día de hoy.

Marcos 8:1-9

1 En aquellos días, como había una gran multitud, y no tenían qué comer, Jesús llamó a sus discípulos, y les dijo:

2 Tengo compasión de la gente, porque ya hace tres días que están conmigo, y no tienen qué comer;

3 y si los enviare en ayunas a sus casas, se desmayarán en el camino, pues algunos de ellos han venido de lejos.

4 Sus discípulos le respondieron: ¿De dónde podrá alguien saciar de pan a éstos aquí en el desierto?

5 Él les preguntó: ¿Cuántos panes tenéis? Ellos dijeron: Siete.

6 Entonces mandó a la multitud que se recostase en tierra; y tomando los siete panes, habiendo dado gracias, los partió, y dio a sus discípulos para que los pusiesen delante; y los pusieron delante de la multitud.

7 Tenían también unos pocos pececillos; y los bendijo, y mandó que también los pusiesen delante.

8 Y comieron, y se saciaron; y recogieron de los pedazos que habían sobrado, siete canastas.

9 Eran los que comieron, como cuatro mil; y los despidió.

Lucas 14:25-33

25 Grandes multitudes iban con él; y volviéndose, les dijo:

26 Si alguno viene a mí, y no aborrece a su padre, y madre, y mujer, e hijos, y hermanos, y hermanas, y aun también su propia vida, no puede ser mi discípulo.

27 Y el que no lleva su cruz y viene en pos de mí, no puede ser mi discípulo.

28 Porque ¿quién de vosotros, queriendo edificar una torre, no se sienta primero y calcula los gastos, a ver si tiene lo que necesita para acabarla?

29 No sea que después que haya puesto el cimiento, y no pueda acabarla, todos los que lo vean comiencen a hacer burla de él,

30 diciendo: Este hombre comenzó a edificar, y no pudo acabar.

31 ¿O qué rey, al marchar a la guerra contra otro rey, no se sienta primero y considera si puede hacer frente con diez mil al que viene contra él con veinte mil?

32 Y si no puede, cuando el otro está todavía lejos, le envía una embajada y le pide condiciones de paz.

33 Así, pues, cualquiera de vosotros que no renuncia a todo lo que posee, no puede ser mi discípulo.

Juan 2:1-11

1 Al tercer día se hicieron unas bodas en Caná de Galilea; y estaba allí la madre de Jesús.

2 Y fueron también invitados a las bodas Jesús y sus discípulos.

3 Y faltando el vino, la madre de Jesús le dijo: No tienen vino.

4 Jesús le dijo: ¿Qué tienes conmigo, mujer? Aún no ha venido mi hora.

5 Su madre dijo a los que servían: Haced todo lo que os dijere.

6 Y estaban allí seis tinajas de piedra para agua, conforme al rito de la purificación de los judíos, en cada una de las cuales cabían dos o tres cántaros.

7 Jesús les dijo: Llenad estas tinajas de agua. Y las llenaron hasta arriba.

8 Entonces les dijo: Sacad ahora, y llevadlo al maestresala. Y se lo llevaron.

9 Cuando el maestresala probó el agua hecha vino, sin saber él de dónde era, aunque lo sabían los sirvientes que habían sacado el agua, llamó al esposo,

10 y le dijo: Todo hombre sirve primero el buen vino, y cuando ya han bebido mucho, entonces el inferior; mas tú has reservado el buen vino hasta ahora.

11 Este principio de señales hizo Jesús en Caná de Galilea, y manifestó su gloria; y sus discípulos creyeron en él.

Juan 10:7-10

7 Volvió, pues, Jesús a decirles: De cierto, de cierto os digo: Yo soy la puerta de las ovejas.

8 Todos los que antes de mí vinieron, ladrones son y salteadores; pero no los oyeron las ovejas.

9 Yo soy la puerta; el que por mí entrare, será salvo; y entrará, y saldrá, y hallará pastos.

10 El ladrón no viene sino para hurtar y matar y destruir; yo he venido para que tengan vida, y para que la tengan en abundancia.

NOTAS

CAPÍTULO 3
APRENDIENDO EL REINO DE DIOS

1. Myles Munroe, *Redescubriendo el Reino* Edición Ampliada (Shippensburg, PA: Destiny Image, 2010), 138.
2. Myles Munroe, *Redescubriendo el Reino* Edición Ampliada (Shippensburg, PA: Destiny Image, 2010), 146.
3. Myles Munroe, *Redescubriendo el Reino*Edición Ampliada (Shippensburg, PA: Destiny Image, 2010), 72.
4. Myles Munroe, *Redescubriendo el Reino* Edición Ampliada (Shippensburg, PA: Destiny Image, 2010), 73.

CAPÍTULO 4
APRENDIENDO A DISTINGUIR EL REINO
DE DIOS DE LA RELIGIÓN

1. Myles Munroe, *Redescubriendo el Reino* Edición Ampliada (Shippensburg, PA: Destiny Image, 2010), 21.
2. *Biblia de Estudio del Diario Vivir.* (Carole Stream: Tyndale House Publishers; Grand Rapids: Zondervan, 2005), 1313-1314. Usada con permiso.
3. *Biblia de Estudio del Diario Vivir.* Carole Stream: Tyndale House Publishers; Grand Rapids: Zondervan, 2005), 1316. Usada con permiso.

CAPÍTULO 6
APRENDIENDO A CONFIAR EN DIOS PARA NUESTRO BIENESTAR

1. Myles Munroe, *Redescubriendo el Reino* Edición Ampliada (Shippensburg, PA: Destiny Image, 2010), 71.

CAPÍTULO 10
APRENDIENDO A SERVIR

1. Myles Munroe, *Redescubriendo el Reino* Edición Ampliada (Shippensburg, PA: Destiny Image, 2010), 175.

Búsquelo
Disponible
Pronto...

Cansado De Religión
¡Hay Algo Mejor!

De Corona De Espinas
A Corona Real

El Gobierno Deseado
De Dios

Printed in the United States
By Bookmasters